Herausgeber und Bezugsquelle
Richemont Fachschule, CH-6006 Luzern

Produkteaufnahmen: Richemont Fachschule, Luzern
Stilleben: R. Heeb, Luzern
Umschlag: R. Spengler, Bern
Illustrationen: M. Nuber, Kastanienbaum
Konzept/Autoren: Abteilungsleiter Richemont Fachschule
Druck: Abächerli Druck AG, CH-6061 Sarnen

Printed in Switzerland

ISBN 3-905720-19-1

FSC www.fsc.org
MIX
Papier aus verantwortungsvollen Quellen
FSC® C103895

Schweizer Bäckerei

Richemont Fachschule

Schweizer Bäckerei

Das schweizerische Brot- und Gebäcksortiment zeichnet sich durch eine nahezu unbegrenzte Produktevielfalt aus. Die handwerklich sorgfältige Verarbeitung qualitativ hochstehender Rohstoffe findet weit über die Landesgrenze hinaus Beachtung und hat in Verbindung mit der international ausgerichteten Aus- und Weiterbildungstätigkeit der Richemont Fachschule zu weltweiter Anerkennung des Berufsstandes der Schweizer Bäcker, Konditoren und Confiseure geführt.

Mit dem Fachbuch «Schweizer Bäckerei», im Eigenverlag 1983 erstmals erschienen, liegt ein Grundlagenwerk vor, das alle an Brot und Gebäck interessierten Kreise anspricht.

In den drei Landessprachen deutsch, französisch und italienisch erschienen, und mit den Ausgaben in englisch und japanisch ergänzt, verzeichnet die «Schweizer Bäckerei» eine unverändert grosse Nachfrage. Der damit verbundene Nachdruck ermöglicht dem Autorenteam der Richemont Fachschule, die Neuausgabe jeweils periodisch dem neuesten Stand der Erkenntnisse anzupassen, verarbeitungstechnische Entwicklungen miteinzubeziehen und die Grundrezepte entsprechend zu aktualisieren.

Der grosse Erfolg dieses Buches beruht sicherlich auf dem hohen Praxisbezug.

Reto Fries
Direktor

In Ergänzung zur «Schweizer Bäckerei» erhältliche Fachbücher und EDV-Artikel der Richemont Fachschule.

Tutilo-Tafel
Älteste Brotdarstellung der Schweiz, aus dem 9./10. Jahrhundert, auf einer Elfenbeintafel des Klosters St. Gallen. Die unterste Szene zeigt, wie der heilige Gallus dem Bären als Lohn für das Herbeischaffen von Holz ein Brot überreicht.

Aus der Geschichte des Brotes und des Bäckerhandwerkes

Dr. sc. techn. h. c. Max Währen

Nach den neusten Forschungen besitzt der Backofen eine Geschichte von rund 7800 Jahren. In Kleinasien wurde nämlich in Tschatal Hüyük ein Backofen ausgegraben, dessen Alter in die Zeit zwischen 5900 und 6700 vor Christus fällt, und der also im Mittel 5800 vor Christus schon bestanden hat. Die oft zu lesende Feststellung, die Ägypter hätten das Brot erfunden, ist also falsch. Richtig dagegen ist, dass es dort in der Zeit zwischen 3000 und 2700 vor Christus schon Bäckereien mit Bäckereidirektoren gab. In diese Zeit datiert auch der älteste Name des Bäckers. Er lautete «Feuerhaken», das altägyptische Hieroglyphenzeichen für den Namen des Bäckers bestand nämlich aus einem pfeilförmigen Haken, weil er mit einem solchen die heissen Backtöpfe aus dem Feuer zog. Um 2000 vor Christus hatte das ägyptische Bäckerhandwerk bereits 16 verschiedene Backwerkarten geschaffen, wovon der Schreibende 15 Sorten identifizieren konnte. Aus der ägyptischen Bäckerei um 1200 vor Christus konnte ich 30 Brot- und Kuchensorten identifizieren. Es ist aber möglich, dass es damals gesamthaft 48 Arten gegeben haben könnte.

Im alten Mesopotamien, dem Land Abrahams, wurde der Bäckerberuf als göttliches Geschenk betrachtet. Dort gab es in der Zeit nach 3000 bis 1200 vor Christus 59 Brot- und Gebäckformen oder -arten. In Europa sind in Bulgarien und Böhmen Backöfen aus der Zeit von rund 4800 vor Christus nachgewiesen. In der Schweiz habe ich neustens gesäuertes Brot aus der Zeit von 3700 bis 3600 vor Christus und einen unversehrten Brotlaib aus der Zeit um 3530 vor Christus identifiziert. Aber erst in der sogenannten Urnenfelderzeit, in der die Toten auf Scheiterhaufen kremiert und in Urnen bestattet wurden, kam in Europa das gesäuerte Brot im Glauben auf. Der Schreibende hat aus mehreren dieser Urnengräber gut gesäuertes Brot als Grabbeigabe nachgewiesen, was in die Zeit um 1200 vor Christus zu datieren ist. Aus der Epoche von zirka 1000 bis 900 vor Christus stammt unser zweites unversehrtes Schweizer Brot. Es ist aus Weizenmehl gebakken und weist heute einen Durchmesser von 10,5 cm, eine Dicke von 2,5 cm und ein Gewicht von 79 g auf. Dieses vollständig erhaltene Brot befindet sich im Museum von Yverdon.

Der Bäckerberuf bei uns ist bereits zwischen 613 und 623 im Alemannenrecht nachweisbar.

Auf dem Klosterplan von St. Gallen aus der Zeit von 820 sind drei Bäkkereien eingezeichnet. Und in den Speisesegnungen dieses Klosters aus der Zeit um 1000 werden 19 Brotarten genannt, wovon einige miteinander identisch sind.

Was die Bäckerzünfte betrifft, so wurde die älteste in Rom um das Jahr 14 nach Christus gegründet. Ein Ausbau und eine durchaus moderne Organisation dieser Zunft erfolgte dann um das Jahr 100 mit Privilegien und Pflichten der Zunftangehörigen. Die Mitgliederzahl war auf 100 Bäcker beschränkt. Im 4. Jahrhundert gab es in Rom 254 öffentliche, eine Art staatliche Bäckereien, da die Stadt etwa 150 000 Brotempfänger gratis mit Brot versorgte.

Von der Schweiz wäre zu erwähnen, dass in Basel schon 1256 das Bäckergewerbe zunftmässig organisiert wurde, was in Zürich 1331, in St. Gallen 1362, in Luzern 1371 und in Freiburg 1389 der Fall war.

Damit wäre ein nur ganz kleiner Teil aus der fast unübersehbaren Geschichte des Brotes und des Bäckerhandwerks dargeboten. Das schweizerische Bäckerhandwerk sah nicht immer rosige Zeiten. Es gab schon vor vier- und fünfhundert Jahren Personalsorgen und Berufskämpfe aller Art. Man hat sie aber alle mit Geschick und Ausdauer überstanden und immer wieder Schöpferisches geleistet.

Wenn ich hier einen historischen Rückblick gebe, so geschieht dies deshalb, weil ich der Überzeugung bin, dass sich der Bäcker noch heute seiner Tradition bewusst sein darf. Und zu diesem Bewusstsein gehört auch die Pflege der Tradition, die uns in ihrer Art immer wieder ein Stück der kulturellen Seiten unseres Landes vermittelt. Damit gebe ich nochmals dem Wunsch Ausdruck, dass dieses Buch seine Früchte möglichst weit verbreiten möge.

Getreide und Mehl als wichtigster Rohstoff

Die Herstellung einer guten Brot- und Gebäcksqualität erfordert nebst fundierten Fachkenntnissen und sorgfältiger handwerklicher Verarbeitung qualitativ einwandfreie Rohstoffe. Insbesonders muss das Mehl ausgeglichen sein und eine gute Backfähigkeit aufweisen. Zwecks Versorgung unseres Landes wird der inländische Brotgetreideanbau durch die Übernahme- und Preisgarantie des Bundes gefördert, der hohe Pflichtanteil von gegenwärtig 85% Inlandgetreide an den Vermahlungen der Handelsmüller bedingt daher den Anbau von Qualitätsweizen. Mit der Prüfung und Züchtung neuer Weizensorten durch die Eidg. Forschungsanstalten wird die Grundlage für ein Weizensortiment geschaffen, welches den Anforderungen von Produzent und Verarbeiter bestmöglich entspricht. Durch die Einteilung in verschiedene Preisklassen sowie eines stufenweisen Ausbaus der Qualitätsbezahlung soll die Brotgetreideproduktion so gelenkt werden, dass die Herstellung eines gut backfähigen Mehles gewährleistet bleibt.

Brotgetreideversorgung

Die Versorgung unseres Landes mit Brotgetreide ist in der Bundesverfassung verankert (Art. 23bis). Der Getreideartikel umschreibt zur Sicherstellung im wesentlichen folgende Massnahmen:

Brotgetreideeinfuhr

Diese ist den Getreidehändlern und den Handelsmühlen vorbehalten, wobei auch das Bundesamt für Landwirtschaft (BLW), Abt. Verwertung, zur Vorrathaltung Brotgetreide einführen kann.

Vorrathaltung

Es wird zwischen einem festgelegten Grundvorrat von 100 000 Tonnen und einem Zusatzvorrat von durchschnittlich 360 000 Tonnen unterschieden. Mit einem entsprechenden Mehranbau wäre damit unsere Versorgung auch in Kriegs- und Krisenzeiten gesichert.

Förderung des inländischen Brotgetreideanbaus

Der Bund übernimmt lediglich eine begrenzte Menge an mahlfähigem Brotgetreide. Damit erhält der Getreideproduzent eine teilweise **Abnahmegarantie.** Die Übernahmepreise, nach Anbau-, Mahl- und Backwert des Getreides abgestuft, werden vom Bundesrat jeweils im Rahmen der bäuerlichen Preisbegehren festgelegt. Der Preis ist so festgelegt, dass die Produktionskosten gedeckt sind.
Zur Förderung des Brotgetreideanbaus in Gebieten mit klimatisch und topographisch erschwerten Produktionsbedingungen werden vom Bund **Produktionsbeiträge** ausgerichtet. Diese Anbauförderung betrifft heute ⅔ der Getreideproduzenten. Rund 40% der Brotgetreidefläche liegen in diesen beitragsberechtigten Gebieten.
Zur Erprobung neuer Getreidesorten fördert der Bund die Züchtung und unterstützt die entsprechenden Versuche und Untersuchungen.
Die **Getreidezuteilung** an die Müller dient ebenfalls zur Förderung der Inlandproduktion. Die Handelsmühlen sind verpflichtet, das Inlandgetreide zum kostendeckenden Preis zu übernehmen.

Getreidezüchtung

Die landwirtschaftlichen Forschungsanstalten für Pflanzenbau in Changins und Reckenholz sind mit der Züchtung von Weizensorten beauftragt, welche unseren Verhältnissen angepasst sind. Das Zuchtziel muss dabei agronomische Eigenschaften wie Ertrag, Standfestigkeit und Krankheitsresistenz mit optimaler Mahl- und Backfähigkeit vereinigen. Von der Auswahl geeigneter Kreuzungspartnern ausgehend sind über 100 000 Kreuzungen erforderlich, um nach der Auslese in den Vorversuchen und den umfassenden Prüfungen in den Hauptversuchen an verschiedenen Anbauorten schlussendlich zu einer neuen Sorte zu gelangen, welche die gestellten Anforderungen erfüllt. Von der Kreuzung bis zur Anerkennung einer neuen Sorte verstreichen 12 bis 15 Jahre.

Sortenprüfung

Die Prüfung sämtlicher Brotgetreidearten obliegt ebenfalls den Forschungsanstalten. In die offizielle Sortenliste werden nur Sorten aufgenommen, deren Anbaueignung und Qualität in mehrjährigen Anbauversuchen mit abschliessendem Mahl- und Backversuch nachgewiesen sind. Die Einteilung in Preisklassen wird nach dem Anbau, Mahl- und Backwert vorgenommen. Die Saatzuchtgenossenschaften sind mit der Sortenreinhaltung beauftragt, es darf nur zertifiziertes Saatgut in den Verkehr gebracht werden.

Offizielle Sortenliste für Brotgetreide

Sorten	Herkunftsland	Aufnahme in offizielle Sortenliste
Winterweizen Klasse I		
Arina	CH	1981
Eiger	CH	1980
Ramosa	CH	1989
Tamaro	CH	1992
Sommerweizen Klasse I		
Calanda	CH	1979
Albis	CH	1983
Remia	CH	1986
Lona	CH	1991
Winterweizen Klasse II		
Zenith	CH	1969
Forno	CH	1986
Garmil	CH	1987
Boval	CH	1990
Galaxie	F	1991
Asiago*	I	1985
Sommerweizen Klasse II		
Frisal	CH	1987

* Nur für das Tessin

Der Brotgetreideanbau in der Schweiz

Weizen

Die Anbaufläche, das heisst Weizen, Roggen und Dinkel, beträgt rund 100 000 Hektaren, wovon 85 Prozent auf Weizen entfallen.
Die Weizenanbaugebiete der Waadt und des Berner Mittellandes sind die eigentliche Kornkammer der Schweiz, wie es nachstehende Grafik veranschaulicht.

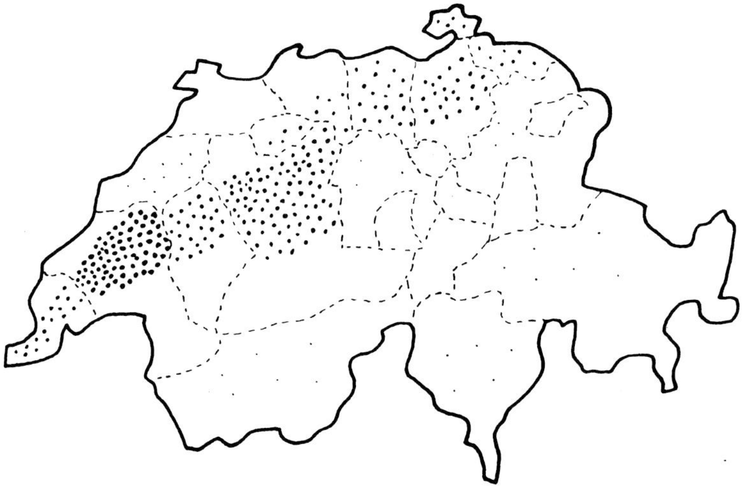

Brotgetreideablieferungen/prozentualer Anteil nach Kantonen gegliedert (Stand 1991).

unter 5%:	LU/SZ/ZG/SO/BS/BL/SH/SG/GR/TI/VS/NE/GE
5–10%:	TG/ZH/FR/AG
15–20%:	BE
über 25%:	VD

Roggen

Als Brotgetreidefrucht zeichnet sich der Roggen durch seine Anspruchslosigkeit an Klima und Boden, die gute Winterhärte sowie eine geringe Krankheitsanfälligkeit aus. Als selbstverträgliches Getreide eignet sich Roggen gut für den Fruchtfolgewechsel, welcher bei unserem auf Brotgetreide ausgerichteten Ackerbau von besonderer Wichtigkeit ist. Mit einer Anbaufläche von 5 000 Hektaren liegt die Roggenproduktion heute bereits über dem erforderlichen Bedarf.

Dinkel

In den niederschlagsreicheren Randgebieten des Getreideanbaus bezüglich Ertrag und Krankheitsresistenz dem Weizen überlegen, wird Dinkel vor allem in den Regionen Bern, Luzern und Aargau angebaut. Die Anbaufläche beträgt lediglich 2000 Hektaren, die Produktion vermag den Bedarf für Spezialmehle (Fladengebäcke) nicht zu decken.

Mischel

Dem gemeinsamen Anbau von Weizen und Roggen kommt heute praktisch keine Bedeutung mehr zu, und die Anbaufläche beträgt unter hundert Hektaren. Mischel mit weniger als 50 Gewichtsprozent Weizen wird zudem als Roggen übernommen.

Versuchsfeld der Schweizerischen Forschungsanstalt für landwirtschaftlichen Pflanzenbau in Zürich-Reckenholz.

Nebst der Beurteilung agronomischer Merkmale steht bei der Prüfung und Züchtung neuer Brotgetreidesorten eine gute Mahl- und Backfähigkeit im Vordergrund.

Schweizerische Brotgetreideproduktion

Das landwirtschaftliche Produktionsprogramm zielt darauf ab, die Anbaufläche für Brotgetreide langfristig auf eine Bedarfsdeckung durch Inlandgetreide von 70 bis 80 Prozent auszurichten.

Getreideablieferungen in Tonnen an den Bund (Quelle: BLW)

Jahre	Mahlgetreide	Auswuchs	Total Übernahmen	Selbstversorgung mit Brotgetreide
1970	307070	—	307070	38200
1971	388750	510	389260	32300
1972	377190	2490	379680	31250
1973	307420	17520	324940	29230
1974	385200	—	385200	28240
1975	277200	37540	314740	24840
1976	217920	160900	378820	23190
1977	281930	10470	292400	24190
1978	370170	14230	384400	24130
1979	395870	8800	404670	22470
1980	364090	1930	366020	21450
1981	364855	16075	380930	20120
1982	219990	181420	401410	21120
1983	404150	320	404470	20200
1984	542720	21750	564470	—
1985	508156	192	508348	—
1986	460575	835	461410	—
1987	429399	7055	436454	—
1988	531412	411	531823	—
1989	623160	1757	624917	—
1990	536425	1815	538240	—
1992	574873	6236	581109	—

Prozentuale Sortenanteile im Weizenanbau

Auf Grund der inländischen Brotgetreideproduktion wird der Pflichtanteil für die Handelsmühlen festgelegt. Bei einer Gesamtvermahlung von zirka 450 000 Tonnen beträgt der Inlandanteil heute mehr als 80 Prozent. Dies erfordert, um eine gute Mehl- und Brotqualität sicherzustellen, ein entsprechendes Weizensortiment.

Sorten

Klasse I	1991 %	1992 %	Klasse II	1991 %	1992 %
Arina	70,8	73,3	Zenith	2,3	1,5
Eiger	1,4	0,8	Forno	7,3	5,0
Sardona	0,5	0,4	Garmil	1,6	2,7
Albis	1,1	2,0	Ramosa	0,2	—
Remia	0,6	0,2	Boval	5,8	5,9
Frisal	1,7	1,1	Galaxie	1,6	1,4

Die schweizerische Müllerei

Interessenwahrung durch den Bund

Zum Schutze des inländischen Müllereigewerbes und der angemessenen Verteilung der Mühlen über das ganze Land wurden entsprechende gesetzliche Massnahmen erlassen.

Das Einfuhrmonopol

des Bundes für Mehl verhindert eine unerwünschte Konkurrenzierung durch Einfuhr von Mehl aus dem Ausland.

Der Mahllohnausgleich

sichert die Existenz mittlerer und kleinerer Mühlen.

Der Frachtenausgleich

auf der Zuteilung von Inlandgetreide sichert gleiche Preisbedingungen für alle Mühlen, unabhängig von Standort und Bezugsmengen.

Preisüberwachung

Der Bund überwacht die Backmehl- und Brotpreise. Die Verbände sind verpflichtet, bevorstehende Preisänderungen dem Bundesamt für Landwirtschaft (Abt. Verwertung) zu melden wie auch Einsicht in die Mahl- und Backlohnberechnung zu gewähren.

Mühlenstruktur

Handelsmühlen

Den Handelsmühlen sind die gewerbsmässige Verarbeitung von Brotgetreide und der Handel mit den anfallenden Mahlerzeugnissen vorbehalten.

Anzahl Handelsmühlen (Stand 1992)	Ausstoss in Tonnen	Marktanteil in Prozenten
51 Kleine Mühlen	bis 500	2,1
51 Mittlere Mühlen	bis 6000	23,9
19 Grossmühlen	über 6000	74,0

Getreideeinfuhr

Herkunftsland	Weichweizen in Tonnen 1991	1992
Kanada	40327	32651
USA	25987	11607
Frankreich	12440	15884
Österreich	131	131
BRD	294	35
Italien	224	174
Argentinien	1480	1408
Saudi-Arabien	13929	6018
Australien	–	–
Diverse	60	445
Total	94872	68353

Ausstoss der verschiedenen Mehlsorten im Verhältnis zum gesamtschweizerischen Mehlausstoss (in %)

Jahr	Weissmehl	Halbweiss-mehl	Ruchmehl	Spezialmehl inkl. Roggenmehl
1981/82	34,2	38,7	18,6	8,5
1982/83	34,6	37,9	18,8	8,7
1983/84	33,8	38,3	19,0	8,9
1984/85	33,5	38,1	19,2	9,2
1985/86	32,5	39,1	19,1	9,3
1986/87	43,5	27,5	19,0	10,0
1987/88	43,6	27,4	18,7	10,3
1988/89	44,2	26,6	18,5	10,7
1989/90	44,4	26,6	18,5	10,5
1990/91	44,8	26,3	18,6	10,2
1991/92	46,5	25,7	18,4	9,4

Im Mehlausstoss miteingeschlossen sind Exportvermahlungen (Halbweissmehl) und nicht zu Backzwecken bestimmte Industrievermahlungen, so dass sich der Mehlausstoss für die Ernährung in der Schweiz um 10 000 bis 12 000 Tonnen reduziert.
Das Zahlenmaterial wurde wie die übrigen Mühlenstrukturzahlen dem statistischen Jahresbericht des Verbandes Schweizer Müller entnommen.

Berechnung Brot- und Backwarenkonsum pro Person/Tag: 1990–1992 (produktionsbezogen)

	1990		1991		1992		
Mehlausstoss		365 183,3 t		354 903,9 t		358 565,3 t	
Mehl aus Selbstversorgung	+	4 000,0 t	+	4 000,0 t	+	4 000,0 t	
Ausfuhrüberschuss	–	3 897,3 t	–	4 393,8 t	–	5 419,0 t	
Total Mehlverbrauch		365 286,0 t		354 510,1 t		357 146,3 t	
Wohnbevölkerung		6,751 Mio.		6,832 Mio.		6,905 Mio.	
Mehlverbrauch pro Person/Jahr		54,1 kg		51,9 kg		51,7 kg	100%
abzüglich:							
Konditoreiwaren (ca. 15%)	8,1 kg		7,9 kg		7,7 kg		
Dauerbackwaren netto	4,5 kg		4,7 kg		4,9 kg		
Suppenfabrikation	0,5 kg		0,5 kg		0,5 kg		
Kindernährmittelfabrikation	0,1 kg		0,1 kg		0,1 kg		
Detailhandelsverkäufe	6,6 kg	19,8 kg	7,1 kg	20,2 kg	7,2 kg	20,4 kg	39%
Nettomehlverbrauch für Brot- und Backwaren		34,3 kg		31,7 kg	31,3 kg		61%
Brot- und Backwarenkonsum pro Person/Tag [inkl. Restwasser 35%]		**145 g**		**134 g**		**132 g**	
Brot- und Backwarenkonsum inklusive brotähnliche Gebäcke pro Person/Tag		**147 g**		**136 g**		**134 g**	
Brot- und Backwarenkonsum, inklusive brotähnliche Gebäcke pro Person/Jahr		**53,6 kg**		**49,6 kg**		**49,0 kg**	

(Quelle: Bundesamt für Landwirtschaft (BLW) und Bundesamt für wirtschaftliche Landesversorgung (BWL)

Vom Getreide zum Mehl

Aufbau des Getreidekornes

Die einsamige, nussähnliche Schliessfrucht der Getreidepflanze, das Korn, weist als besonderes Merkmal eine völlige Verwachsung von Frucht- und Samenschale auf. Diese botanisch als Karyopse bezeichnete Eigenheit verunmöglicht eine vollständige Trennung von Schale und Kern und erfordert daher bei der Mehlherstellung einen grossen arbeitstechnischen Aufwand.
Die einzelnen Kornbestandteile lassen sich vereinfacht wie folgt gliedern:

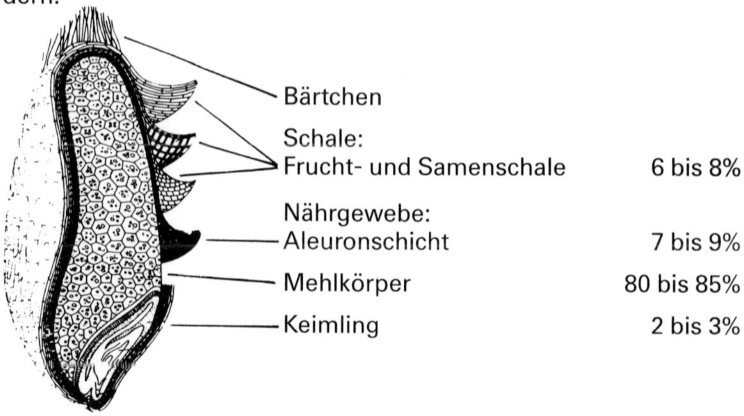

Aufgaben der Kornbestandteile

Die Schale,

eine zähe, faserreiche Schicht, schützt das Korn gegen aussen. Längs, quer- und schlauchförmig angeordnete Zellen umschliessen den weichen Korninhalt und verleihen dem Korn hohe Festigkeit. Die Fruchtschale besitzt ein grosses Wasserbindevermögen und lässt das Korn beim Keimungsvorgang aufquellen. Die Samenschale verhindert, dass die gelösten Inhaltstoffe des Kornes austreten und dem Keimling als Nahrung erhalten bleiben.

Die Aleuronschicht,

zellenförmig angeordnet, besteht aus hochwertigen Eiweiss- und Fettstoffen und umschliesst den Mehlkörper. Für den Keimungsvorgang wichtige Enzyme sind nebst Vitaminen darin lokalisiert und sorgen nach ihrer Aktivierung für den Nachschub abgebauter Nährstoffe aus dem Mehlkörper.

Der Mehlkörper,

auch Endosperm genannt, ist stärke- und eiweissreich, er stellt die Nährstoffreserven des wachsenden Keimlings dar.

Der Keimling

enthält die lebensfähige Fortpflanzungssubstanz. Reich an hochwertigen Eiweiss- und Fettstoffen sind Vitamine und Enzyme ebenfalls im Keimling lokalisiert.

Trennung der Kornbestandteile

Wird bei der Vermahlung eine blosse Zerkleinerung des Getreidekornes angestrebt, reichen dafür einfache Vorrichtungen wie Mahlstein oder Schlagmühle aus.
Sobald jedoch eine Trennung der Kornbestandteile erforderlich ist, um Mehle mit ganz bestimmten Backeigenschaften herzustellen, bedarf es einer aufwendigen technischen Einrichtung.

Reinigung und Vorbereitung des Getreides

Eine erste grobe Reinigung zum Schutze der Einrichtungen erfolgt bereits bei der Getreideanlieferung, ehe die Getreidepartien in Silos eingelagert werden.
Die verschiedenen Weizensorten werden mittels genauer Dosiergeräte zur Getreidemischung zusammengestellt und mit grossem apparativem Aufwand von fremden Beimischungen wie Steinen, Sand und Unkrautsamen befreit. Unerwünschte getreideeigene Bestandteile wie Sporen und Schmachtkörner werden ebenfalls beseitigt.
Anschliessend wird das Getreide genetzt, um die Mahl- und Backeigenschaften günstig zu beeinflussen. Durch Scheuerung werden Bärtchen, Oberhaut, der vorstehende Teil des Keimlings sowie Staub und Schmutz aus der Kornfurche entfernt. Erst auf diese umfassende Getreidevorbereitung folgt der eigentliche Mahlprozess.

Prinzip der Vermahlung

Durch die Verwachsung von Frucht- und Samenschale muss der Mehlkern sorgsam aus der Schale herausgeschält werden, damit diese nicht zersplittert und möglichst vollständig abgetrennt werden kann.

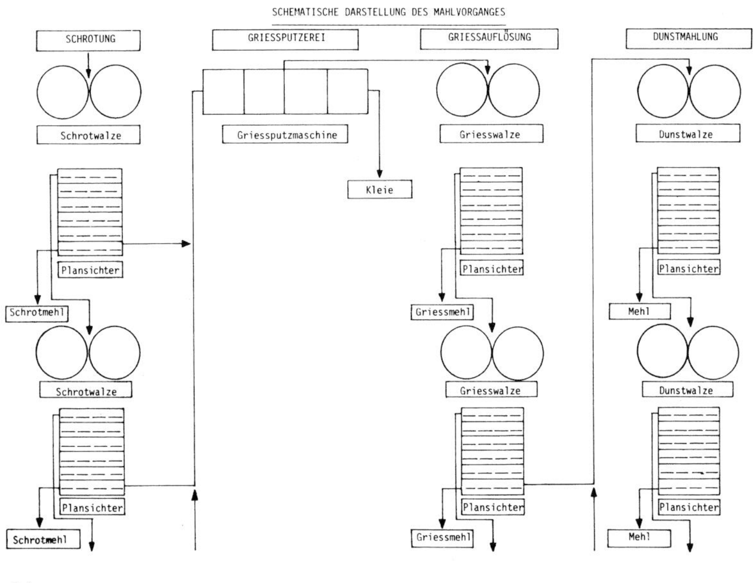

Schrotung

Die Zerkleinerung im Walzenstuhl erfolgt schrittweise, indem in mehreren Durchgängen, sogenannten Passagen, gearbeitet wird. Die Schale soll, um besser abgetrennt werden zu können, möglichst grossflächig erhalten bleiben. Desgleichen wird zur besseren Auftrennung im Sichter ein hoher Anteil an grobkörnigen Mahlprodukten angestrebt und der Mehlanteil niedrig gehalten. Die Walzen sind zu diesem Zweck grob geriffelt. Die Schrotung bezweckt somit die Trennung der Schale vom Mehlkörper und die Zerkleinerung zu Griess.

Griessreinigung

Die dem Griess noch anhaftenden, feinen Schalenbestandteile werden im Luftstrom entfernt und abgeschieden.

Griessauflösung

In mehreren Passagen wird der gereinigte Griess durch glattere Walzen in ein feinkörniges Mahlprodukt, den Dunst, überführt. Jedem Mahldurchgang schliesst sich wiederum eine Sichtung an, wobei ein gewisser Anteil Griessmehl anfällt.

Dunstvermahlung

Vom Mahldiagramm abhängig wird in wechselnder Passagenzahl der Dunst zu Mehl vermahlen. Die hintersten, sehr dunklen Passagenmehle können die Backfähigkeit nachteilig beeinflussen und werden als Nachmehle vom Backmehl ausgeschieden.

Mehlzusammensetzung

Die im Verlaufe der Vermahlung bei der Sichtung anfallenden Passagenmehle werden dem Mehltyp und dem Verwendungszweck entsprechend zusammengestellt.

Ausmahlungsgrad

Infolge der unterschiedlichen Verteilung der Inhaltstoffe im Getreidekorn sind die backtechnischen wie auch die ernährungsphysiologischen Eigenschaften eines Mehles weitgehend davon abhängig wie vollständig bei der Vermahlung eine Trennung der Schalenbestandteile vom Mehlkörper erfolgt ist.
Der Ausmahlungsgrad gibt hierüber Aufschluss und besagt wieviel Prozent des ganzen Kornes, von innen nach aussen gerechnet, zur Gewinnung des betreffenden Mehles verwendet wurden.

Mehltyp	Ausmahlungsgrad	Gewinnung
Vollkornmehl Typ 1900	98%	Enthält mit Ausnahme der Oberhaut und Keimspitzen alle Kornbestandteile
Ruchmehl Typ 1100	80—85%	20% Weissmehlentzug
Halbweissmehl Typ 720	72—75%	20% Weissmehlentzug
Weissmehl Typ 550	60—65%	Durchgemahlenes Mehl ohne Entzug
Weissmehl Typ 400	20—30%	Bei der Halbweiss- und Ruchmehlvermahlung entzogen

Schematischer Überblick über die Weizenmahlprodukte

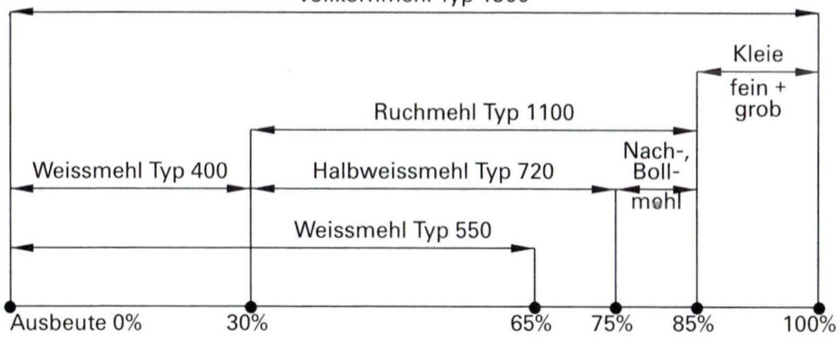

Die Mehlqualität

Der Begriff eines gut backfähigen Mehles wird vom Verarbeiter sehr weit gefasst, indem vorausgesetzt wird, dass bei unterschiedlichen Rezepturen und variierenden Verarbeitungsmethoden verschiedenste Gebäcke von stets einwandfreier Qualität hergestellt werden können. Dies mag erklären, weshalb die Schweizer Bäckerei mit ihrer Gebäcksvielfalt und der stark unterschiedlichen Verarbeitungsweise eine ausgeglichene Grundqualität mit hohen Qualitätsanforderungen voraussetzt.

Qualitätskriterien

Mit den bei der Getreide- und Mehluntersuchung üblichen chemischen und teigphysikalischen Prüfmethoden werden einzelne qualitätsbestimmende Faktoren ermittelt. Bei der Beurteilung muss jedoch stets die wechselseitige Wirkung mitberücksichtigt werden, und es bedarf meist eines zusätzlichen Backversuches, um die Backfähigkeit gesamthaft beurteilen zu können.

Versuchslabor der Fachschule Richemont

Die bei der Getreide- und Mehluntersuchung international gebräuchlichen chemischen und teigphysikalischen Prüfmethoden bilden zusammen mit dem Backversuch die Grundlage zur Erfassung der Backfähigkeit.

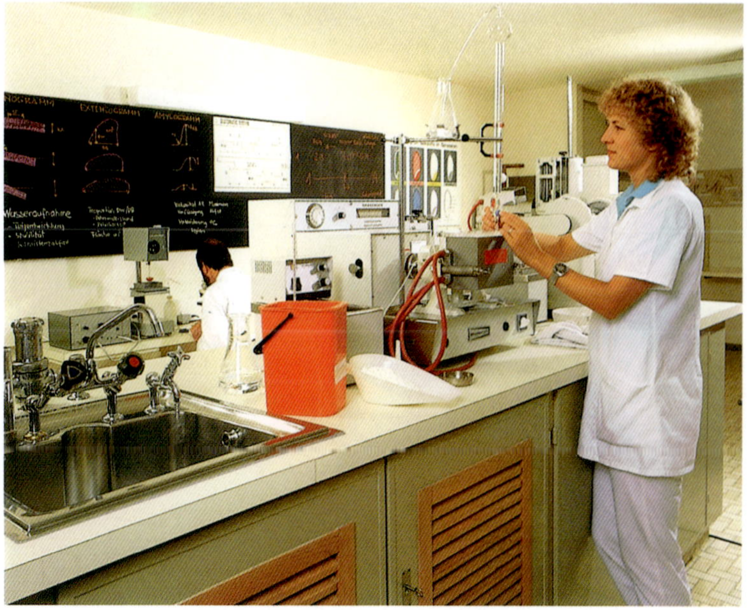

Protein/Glutenkomplex

Der Eiweissgehalt eines Mehles kann mit der *Proteinbestimmung* gesamthaft bestimmt werden.
Der *Zelenywert* dient als Mass für die Proteinqualität.
Für die Teigbildung, das Gashaltevermögen und die Gebäcksentwicklung beim Backprozess von entscheidender Bedeutung sind jedoch die wasserunlöslichen Eiweissstoffe, welche quantitativ als *Feuchtglutenmenge* (Kleber) und qualitativ mit der *Quellzahl* erfasst werden können. Guten Aufschluss über die Wasseraufnahmefähigkeit eines Mehles gibt das *Farinogramm.* Aus der Knetklurve lassen sich zudem Kneteigenschaften wie Teigentwicklung und Teigstabilität erkennen.
Über die Verarbeitungseigenschaften des Teiges, wesentlich von Glutenmenge und Glutenqualität abhängig, gibt das *Extensogramm* Aufschluss. Die Dehnbarkeit des Teiges ergibt sich aus dem Dehnwiderstand und der Dehnungslänge und widerspiegelt als *Verhältniszahl* die Teigcharakteristik. Aus der *Extensogrammfläche* kann weitgehend auf das Gebäcksvolumen geschlossen werden.

Stärkekomplex

Die Verkleisterungseigenschaften der Stärke werden mittels *Amylograph* oder Viskograph gemessen und lassen wichtige Rückschlüsse auf die Krumenbildung während des Backprozesses und die Krumenbeschaffenheit der Gebäcke ziehen. Die Stärkebeschaffenheit wirkt sich bei der Teigbildung auch auf das Wasserbindevermögen aus und kann, wenn auch in beschränktem Masse, durch mechanische Stärkebeschädigung bei der Vermahlung beeinflusst werden. Das *Maltosebildungsvermögen* eines Mehles beeinflusst vornehmlich den Triebverlauf, indem in Malzzucker abgebaute Stärke als direkte Hefenahrung dient. Zudem wird die Bräunungsreaktion in Gegenwart von Zuckerstoffen gefördert.

Enzymkomplex

Mit Ausnahme der *Fallzahl,* welche als eigentliche Bestimmungsmethode der alpha-Amylasenaktivität angesehen werden kann, lässt sich die Wirkung stärkeabbauender Enzyme in der üblichen Mehluntersuchung nur indirekt ersehen wie in der *Verflüssigungszahl* des Amylogrammes und dem Verhältnis von *präexistierendem Zucker* und Maltosebildungsvermögen.
Die proteolytische Aktivität zeigt sich in Abhängigkeit von Glutenmenge und Glutenqualität im *Konsistenzabfall* der Farinogrammkurve sowie der Höhe des *Quellzahlabbaus.*

Backversuche

Werden bei den chemischen und teigphysikalischen Prüfmethoden die Qualitätsfaktoren einzeln und voneinander losgelöst erfasst, kommt beim Backversuch das Zusammenspiel zwischen Eiweiss/Gluten-, Stärke- und Enzymkomplex zum Tragen und ermöglicht eine abschliessende Beurteilung der Qualitätseigenschaften eines Mehles. Voraussetzung hiefür ist jedoch, dass die Versuchsbedingungen genau festgelegt und standardisiert sind. So kommen mit der Qualität der verwendeten Hefe und der Verarbeitungsmethodik Faktoren hinzu, welche auf das Endergebnis grossen Einfluss haben. Da der Backversuch jeweils nur eine sichere Aussage über die Mehleigenschaften unter den gewählten Versuchsbedingungen zulässt, sind – wie bei der Beurteilung der Backqualität neuer Brotgetreidesorten – oftmals verschiedene Backprüfungen erforderlich. Die in diesem Zusammenhang in der Schweiz zu Anwendung gelangenden Backversuche werden nachstehend kurz beschrieben.

Rapid-Mix-Test

Standardbackversuch der Arbeitsgemeinschaft Getreideforschung Detmold für Weissmehl des Types 550.
Der Brötchenbackversuch basiert auf einer Teigkonsistenz von 500 Brabender-Einheiten (BE). Die Mehle werden mit Malz auf einen Fallzahl-Wert von 250 eingestellt und mit Ascorbinsäure (0,002 g pro kg) behandelt. Die Rezeptur enthält zusätzlich Fett und Zucker. Bei sehr intensiver Knetung im Mixer (1400 U/Min.) werden maschinell längsgewirkte Brötchen hergestellt.
Auswertung der Gebäckseigenschaften und der Volumenausbeute.

Mischbackversuch

Standardmethode Dr. W. Saurer, Eidg. Forschungsanstalt für landwirtschaftlichen Pflanzenbau, Zürich-Reckenholz, zur Sortenprüfung. Arbeitsmethode analog dem Rapid-Mix-Test.
Die reine Sorte wird mit einem Handelsmehl 1:1 gemischt und der Aufmischeffekt anhand der Volumendifferenz bewertet.

Kastenbackversuch

Standardbackversuch der Fachschule Richemont, Luzern, für alle Backmehle.
Der Backversuch mit Formenbrot basiert auf einer Teigkonsistenz von 360 Brabender-Einheiten (BE). Im Gegensatz zum Rapid-Mix-Test wird mit einer weniger intensiven Knetung (Diosna Laborkneter 120 U/Min.) gearbeitet. Die Mehle werden nicht mit Malz und Ascorbinsäure eingestellt und enthalten keinen Fett- und Zuckerzusatz.
Bei längerer Liegezeit der Teige (2 Stunden am Stock) wird die Stückgare variiert,

60 — 75 — 90 Minuten für Weissmehl
45 — 60 — 75 Minuten für Halbweissmehl
30 — 45 — 60 Minuten für Ruchmehl

um die optimale Endgare zu ermitteln. Das Aufarbeiten erfolgt manuell.
Auswertung der Gärtoleranz, der Gebäckseigenschaften und der Volumenausbeute.

CIBM-Backversuch mit Grossbrot

Standardbackversuch der Fachschule Richemont, Luzern, in Zusammenarbeit mit dem Centre professionnel de la Communauté d'intérêts entre la boulangerie et la meunerie de la Suisse romande in Pully (CIBM) ausgearbeitet und bei der Sortenprüfung eingesetzt.
An die in der Westschweiz übliche Brotbereitung angelehnt werden mit dem Mehl des Types 550 auf der Basis einer Teigkonsistenz von 360 BE-Einheiten grössere Teige (5–10 kg Mehl) hergestellt. Nach einer Gärdauer von 2½ Stunden erfolgt eine maschinelle Aufarbeitung (abpressen, längswirken) der Pfundbrote, welche direkt auf Einschiessapparate abgesetzt einer fünfzigminütigen Endgare unterzogen werden.
Auswertung der Gebäckseigenschaften nach dem offiziellen Brotbeurteilungsschema der Fachschule Richemont und des Gebäcksvolumens.

Grossbackversuch

Standardbackversuch der Fachschule Richemont für die Mahl- und Backversuche des Bundesamtes für Landwirtschaft (Abt. Verwer-

tung) mit neuen Weizensorten. Praxisbezogene Herstellung von Halbweiss- und Ruchbrot (1-kg-Brote) sowie Kleinbrote (Semmel, Schlumbergerli) mit Weissmehl.
Die Arbeitsmethodik lehnt sich an die handwerkliche Herstellungspraxis, wobei beim Grossbrot wahlweise eine lange, direkte Triebführung über 8 Stunden oder eine kurze Triebführung mit einer Stockgare von 70 Minuten zum Einsatz gelangt. Im Sinne eines Belastungsbackversuches erfolgt die Aufarbeitung maschinell, und die Teiglinge werden, auch beim Kleinbrot, trotz ausgedehnter Endgare, jeweils direkt auf die Einschiessapparate abgesetzt.
Auswertung der Gebäckseigenschaften und des Volumens analog dem CIBM-Backversuch.

Richtwerte für die Mehlqualität

Die Richtwerte gelten für *unbehandeltes* Mehl, *ohne Zusätze* von Ascorbinsäure, Malzmehl, Trockenkleber, Quellmehl, Lecithin, Enzympräparate usw.
Zusätze dürfen nur im Einverständnis mit dem Abnehmer zugesetzt werden und sind im Zertifikat oder auf dem Mehlsack zu *deklarieren.*

Prüfkriterien			Anforderungen			
			Weiss 400	Typ 550	Halbweiss 720	Ruch 1100
Asche	% (TS)	Min.		0,49	0,64	1,00
		Max.	0,48	0,58	0,76	1,15
Wasser	%	Basiswert	14,0	14,0	14,0	14,0
Protein	% (TS, N × 5,7)	Min.	11,5	12,0	12,5	13,0
Zeleny	ml Sedimentation	Min.	45	40	38	30
Gluten, feucht	%	Min.	27	27	28	29
Wasseraufnahme	% 500 BE	Min.	59	60	61	64
	360 BE	Min.	64	65	66	69
Extensogramm	Proportion (DW/DB)		2–3	2–3	1,5–2,5	1,5–2,5
	Fläche cm² (135′)	Min.	120	110	100	80
Amylogramm	Verkleisterung BE (Mittelwert)		600	600	400	300
Fallzahl		Min.	330	330	310	300
Maltose	%	Max.	2,3	2,3	2,4	2,5
Kastenbackversuch Volumen aus 100 g Mehl		Min.	550	520	500	480

Spezialmehle

Weissmehl Typ 550

Bei dem vornehmlich industriell eingesetzten Weissmehltyp handelt es sich um ein Integralmehl (durchgemahlenes Mehl). Der höheren Ausmahlung entsprechend (Aschegehalt max. 0,58%) liegt im Vergleich zum herkömmlichen Weissmehl eine schwächere Glutenqualität und eine höhere enzymatische Aktivität vor. Der zur Entlastung des Weissmehlenzuges geschaffene Mehltyp kann bei Gebäckstypen eingesetzt werden, die bezüglich Teigstabilität, Gebäcksvolumen und Helligkeit der Krume weniger hohe Anforderungen stellen. Im handwerklichen Bäckereibetrieb wird an Stelle des Types 550 vielfach ¹/₃ des Weissmehlquantums in der Rezeptur mit Halbweissmehl ersetzt.

Grahammehl

Innerhalb der Vollkornmehle ist Grahammehl der meistverbreitete Mehltyp, welcher in unterschiedlicher Menge und Granulation (fein, mittel, grob) auch bei verschiedenen Spezialbroten Verwendung findet. In Anlehnung an die frühere Pflichtzuteilung von Roggen kommt Grahammehl nicht ausschliesslich als Weizenvollkornmehl in den Handel, sondern enthält vielfach 5 bis 10% Roggen.

Schrotmehle

Weizen- und Roggenschrot werden in unterschiedlicher Granulation vornehmlich als Ganzkornmehle bei Mehrkorn- und dunklem Spezialbrot eingesetzt.
Schrotmehle mit besonderer Herstellungsweise (Dr. Bircher, Steinmetz, Duro) obliegen den einschlägigen Begriffsbestimmungen.

Roggenmehle

Als Spezialmehle sind Roggenmehl hell (Typ 720) und Roggenmehl dunkel (Typ 1100) sowie Roggenschrot (Typ 1900) in feiner bis grober Granulation gebräuchlich.

Mischmehle

Wichtigster Vertreter der Mischmehle ist das Buremehl (70 bis 80% Weizen, 20 bis 30% Roggen), welches als Buremehl hell (Halbweiss-Vermahlung) und Buremehl dunkel (Ruchmehl-Vermahlung) eingesetzt wird. Buremehl spezial enthält zusätzlich 2% angesäuertes Magermilchpulver. Nebst weiteren, zum Teil nur regional verbreiteten Mischmehlen basieren viele Spezialbrotrezepturen auf dem Zusammenmischen handelsüblicher Mehltypen im Backbetrieb. Von der Begriffsbestimmung Roggenbrot her darf in der Rezeptur zur Verbesserung der Backfähigkeit das Roggenmehl mit maximal ¹/₃ Weizenmehl verschnitten werden.

Dunkle Weizenmehle

Dem Konsumentenwunsch nach ernährungsphysiologisch wertvollen, dunklen Brotsorten auch beim Grossbrot Rechnung tragend, sind nebst dem herkömmlichen Ruchmehltyp vermehrt auch höher ausgemahlene Mehltypen als Ruchmehl dunkel im Handel. Um die Backfähigkeit nicht übermassen zu beeinträchtigen, werden gezielt hintere Passagenmehle und kleiereiche Abgänge in die Mehlzusammenstellung einbezogen.

Die Presshefe

Hefe einst und jetzt

Im täglichen Umgang mit Presshefe macht sich der Berufsmann kaum Gedanken darüber, dass die Hefe in der heutigen Form erst seit der Jahrhundertwende existiert.
Während 6000 Jahren, mehr oder weniger unbewusst bei der spontanen Gärung zur Teiglockerung benutzt, wurde die Hefe als Mikroorganismus erstmals um das Jahr 1680 von Leeuwenhoek im Mikroskop beobachtet. Der exakte Beweis, dass die alkoholische Gärung im Zusammenhang mit der Hefetätigkeit steht, konnte sogar erst Mitte des 19. Jahrhunderts erbracht werden. Aus den Brauereien wurden zuerst obergärige, dann untergärige Hefen zur Brotbereitung eingesetzt, wobei aus den vielfältigen Stämmen und Gattungen Saccharomyces cerevisiae allmählich geeignete Hefemassen herangezogen wurden, die heute die Basis der modernen Bäckereihefefabrikation bilden.
Bei der, von den drei Hefefabriken Hindelbank, Klipfel Rheinfelden und Stettfurt, hergestellten Bäckereihefe handelt es sich um eine Standardhefe mit gutem Saccharose- und Maltosegärvermögen. Starktriebhefen mit einer 20 bis 30 Prozent höheren Triebkraft oder Schnelltriebhefen mit verstärktem Aufgangstrieb sind in der Schweiz nicht im Handel. Kommen andere Hefetypen zum Einsatz, können bei geringerer Beigabe die Gärzeiten grundsätzlich beibehalten werden.

Hefefabrikation

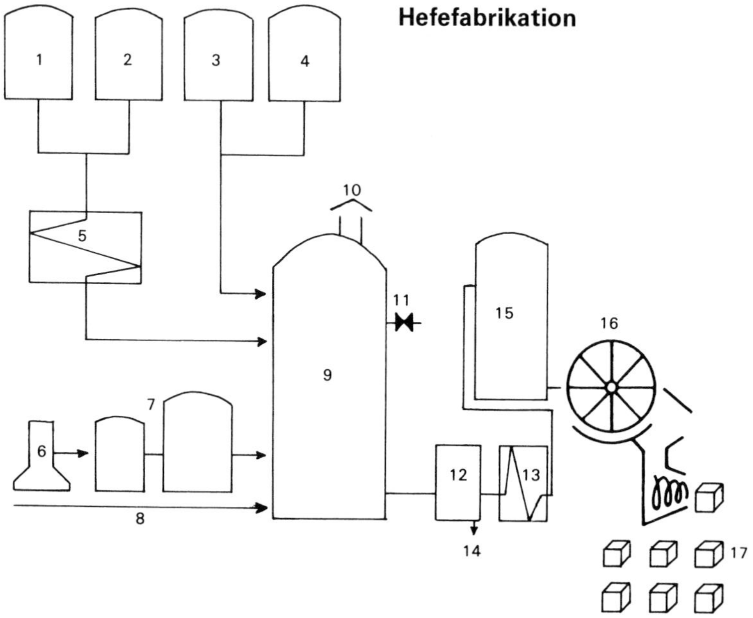

1 Melasse
2 Wasser
3 Ammoniak
4 Phosphate
5 Wärmeaustauscher
6 Hefereinkultur
7 Reinzucht der Mutterhefe
8 Luft
9 Gärbottich
10 Entlüftung
11 Kühlwasser
12 Zentrifuge
13 Kühlung
14 Abwasserreinigung
15 Heferahm
16 Filtertrommel
17 Abpackung der Hefepfundstücke

Hefefabrikation

Von einer einzelnen Zelle dieser Mutterhefe ausgehend wird im modernen Fabrikationsverfahren der Hefe unter starker Belüftung Melasse als zuckerhaltige Nahrung sowie die erforderlichen Nährsalze (Stickstoff, Phosphate) angeboten. Absolute Sauberkeit ist erforderlich, um Fremdinfektionen zu vermeiden, und es bedarf grosser Erfahrung, um bei der Vermehrung für die Hefe optimale Verhältnisse zu schaffen. Durch ständige Überwachung und Kontrolle wird dafür gesorgt, dass anschliessend die aus dem Heferahm abge-

schiedene, gewaschene und danach auf einen Wassergehalt von 70 bis 75% filtrierte Presshefe die vom Bäcker gewünschte regelmässige Triebkraft aufweist.
Frische Presshefe hat ein helles, elfenbeinfarbiges Aussehen und zeigt die typische, muschelförmige Ausbildung beim Brechen.

Hefevermehrung bei der Triebführung

Wird während der Gärdauer eine Hefevermehrung angestrebt, wie dies bei langer Triebführung mit geringer Hefebeigabe der Fall ist, ist es aber besonders wichtig, dass eine möglichst lebens- und vermehrungsfähige Presshefe eingesetzt wird. Der Hefezuwachs kann bei geringer Hefebeigabe (10 bis 20 g pro Liter) und ausreichend langer Gärdauer (8 bis 10 Stunden) bis zu 100% betragen. Bei einer Hefebeigabe über 2% reduziert sich die Liegezeit der Teige entsprechend, und es findet praktisch keine Vermehrung mehr statt.
Die Kunst der Triebführung beherrschen heisst, der Hefe als Lebewesen bei der Verarbeitung und Lagerung gebührend Rechnung zu tragen.

Hefevermehrung durch Sprossung

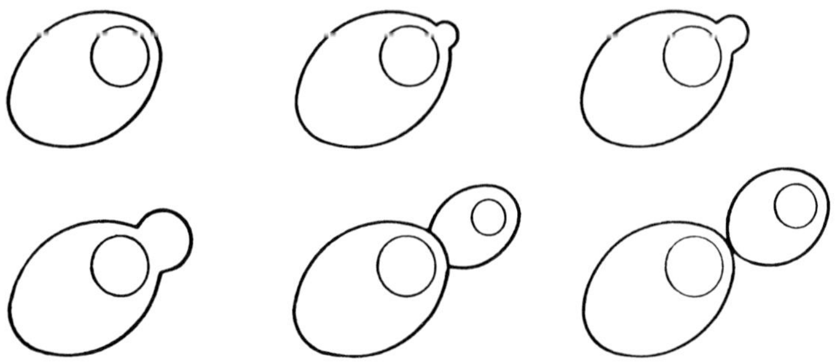

An der Hefezelle bildet sich zuerst eine kleine Ausstülpung, die zunehmend grösser wird und allmählich die Form einer Hefezelle annimmt. Sobald die Tochterzelle eine bestimmte Grösse erreicht hat, erfolgt eine Trennung von der Mutterzelle. Die durch vegetative Fortpflanzung so entstandene neue Hefezelle ist nun selbst lebensfähig.

Hefe richtig lagern

Hefe, ein einzelliger Sprosspilz von einigen tausendstel Millimeter Grösse, ist wie alle Kleinlebewesen temperaturempfindlich. Die Hefe – ein Gramm Presshefe enthält zirka 10 Milliarden einzelner Zellen – muss auch während der Lagerung atmen können. Im Vergleich zur Gärung wird hierbei die drei- bis vierfache Energiemenge freigesetzt. Je höher die Lagertemperatur, um so intensiver ist die Atmung, und es besteht die Gefahr, dass dabei das zelleigene Eiweiss durch die Stoffwechseltätigkeit abgebaut wird, und die Hefe verdirbt. Presshefe muss daher kühl, das heisst bei einer Temperatur von 4 bis 8° C im Kühlschrank aufbewahrt werden. Angebrochene Pakete, auch wenn sie kurzfristig aufgebraucht werden, sollten nicht länger als nötig offen in der warmen Backstube liegen, ansonst sich Unregelmässigkeiten in der Triebkraft ergeben.
Richtig gelagerte Presshefe hat – auch wenn sie leicht angetrocknet ist und krümelig wird – bei einer kurzen, direkten Triebführung immer noch eine ausreichende Triebkraft.
Das Tiefkühlen der Hefe gibt immer wieder Anlass zu Diskussionen, und es bestehen zum Teil sehr unterschiedliche Auffassungen über die bestehenden Möglichkeiten. Betrachtet man den Aufbau der Hefezelle mit ihrem flüssigen Zellinhalt, dem Protoplasma, dem Zellkern und der feinen Zellmembrane, wird verständlich, dass sich das Tiefgefrieren spürbar auf die Lebensfunktion der Hefezelle auswirkt. Da die Gärung aber bekanntlich nicht an den Lebensvorgang gebunden ist, sondern nur auf der Gegenwart der hefeeigenen Enzyme, der Zymase beruht, lässt sich auch mit Hefe, deren Zellen zum Teil durch das Tiefgefrieren Schaden genommen haben, noch eine ausreichende Teiglockerung erzielen. Dagegen ist die Vermehrungsfähigkeit dieser Hefe reduziert, und dies kann sich bei Triebführungen mit geringer Hefebeigabe negativ auswirken, da das Hefewachstum während der Liegezeit der Teige ausbleibt. Grundsätzlich kann fest gehalten werden, dass Hefe tiefgefroren werden kann, und dabei eine ausreichende Triebkraft bewahrt bleibt, dagegen geht die Vermehrungsfähigkeit teilweise verloren. Mit zunehmender Lagerdauer nimmt die Triebkraft ab. Hefe sollte nicht länger als 6 Monate tiefgekühlt gelagert werden.
Sei es über die Ferienzeit oder als eiserne Reserve, die Hefe muss unmittelbar nach dem Erhalt so frisch als möglich eingefroren werden. Unsachgemässes Gefrieren oder zu lange Lagerdauer zeigt sich beim Auftauen der Hefe, indem sie sich teilweise verflüssigt. Wie bei frischer Presshefe ist eine Lagerung in Raumtemperatur zu vermeiden, die gefrorene Hefe ist daher am besten im Kühlschrank auftauen zu lassen.

Trockenhefe

Um Hefe länger haltbar zu machen, kann der Frischhefe das Wasser sorgfältig entzogen werden. Trockenhefe, mit einem Restwassergehalt von 4 bis 6% zur Verlängerung der Haltbarkeit vorteilhaft gasdicht abgepackt, muss kühl und trocken gelagert werden. Angebrochene Packungen sind rasch aufzubrauchen.
Trockenhefe findet bei uns praktisch ausschliesslich im Haushalt Verwendung. Die Dosierung beträgt je nach Qualität und Triebkraft 1/4 bis 1/3 des Frischhefequantums. Mit Ausnahme von Aktiv-Trockenhefe, welche direkt dem Mehl zugesetzt wird, ist herkömmliche Trockenhefe durch Anstellen in 40 bis 45° C warmes Wasser, allfällig mit einer kleinen Zuckerbeigabe, vorgängig zu aktivieren.

Der Sauerteig

Allgemeines

Die Sauerteigführung stellt die älteste Form der Brotbereitung dar und war bereits bei den Ägyptern bekannt. Durch die Tätigkeit von Mikroorganismen wie bestimmter Milchsäurebakterien und spezieller Hefen vollziehen sich im Sauerteig fortwährend Säuerungs- und Gärungsprozesse, welche vom Bäcker durch die Wahl der Teigfestigkeit und der Teigtemperatur sowie der Liegezeit der Teige gezielt beeinflusst werden können. Sauerteigbrot zeichnet sich durch seine aromatische Geschmacksnote und die gute Frischhaltung aus. Bei Teigen mit höherem Roggenmehlanteil wird durch die Säurebildung zudem das Quell- und Backverhalten positiv beeinflusst. Die Sauerteigführung erfordert eine sehr sorgfältige Arbeitsweise und setzt grosse Erfahrung voraus. Trotz vermehrtem Arbeitsaufwand und zusätzlicher technologischer Massnahmen gewinnt der Sauerteig auch beim Weizengebäck wieder zunehmend an Bedeutung, da der Wunsch nach Schmackhaftigkeit und Frische heute beim Konsumenten im Vordergrund steht.

Heranziehen des Sauerteiges

Die Sauerteiggärung kann durch das Anstellen eines Teiges spontan eingeleitet werden. Ist ein ausgereifter Sauerteig vorhanden, kann dieser als Anstellgut verwendet werden. Daneben sind Sauerteigstarter im Handel, welche die Mikroflora des Sauerteiges enthalten. Zum Ansatz eines Sauerteiges werden vorteilhaft höher ausgemahlene Mehle (Roggenmehl dunkel, Ruchmehl) verwendet, da diese enzymreicher sind und mehr direkt verwendbare Zuckerstoffe enthalten. Die Säurebildung wird dadurch gefördert. Dagegen wirken sich auswuchshaltige Mehle negativ auf die Sauerteigentwicklung aus.

Säurebildung

Durch die wechselseitige Teigführung wird die Milchsäurebildung (warm und weich) und die Essigsäurebildung (kühl und fest) so gesteuert, dass das Milch-Essigsäure-Verhältnis im ausgereiften Teig 75:25 bis 80:20 beträgt. Ein überhöhter Essigsäureanteil führt zu einem einseitig sauren Geschmacksempfinden, ein zu hoher Milchsäureanteil bewirkt eine fade Geschmacksnote.

Sauerteighefen

Je nach Führungsart und dem Verlauf der Säuerung vermögen sich im Sauerteig Hefen mehr oder weniger gut zu behaupten. Es handelt sich um verschiedene Arten mit unterschiedlichen Eigenschaften. So sind nebst den eigentlichen Sauerteighefen, welche eine hohe Säureverträglichkeit und ein gutes Gärvermögen zeigen, auch beschränkt gärfähige Arten sowie eigentliche Geschmacksbildner zu finden.

Sauerteigschädlinge

Bei fehlerhafter Sauerteigführung, insbesondere aber bei zu wenig ausgereiftem oder überreifem Sauerteig, können Mikroorganismen auftreten, welche zu Fehlgärungen führen und den Geschmack und die Brotqualität beeinträchtigen. Durch regelmässige Neuansätze kann dem Auftreten von gasbildenden Kokken, Heubazillen und unerwünschten Hefen begegnet werden.

Triebfähiger Ansatz

Die auf schweizerische Verhältnisse abgestimmte Arbeitsweise zur Heranführung eines Sauerteiges ergibt nach dem fünften Tag einen triebfähigen Ansatz, der als Sauerteig-Chef zur Geschmacksabrundung bei Brot und Gebäck mit hohen Weizenmehlanteil zusammen mit dem Hebel eingesetzt werden kann (50 bis 100 g pro Liter) wie

auch zur Optimierung der Backfähigkeit bei der Verarbeitung von Roggenmehl (100 bis 200 g pro Liter). Bei der Kühllagerung von triebfähigem Ansatz kann eine zu starke Nachsäuerung vermieden werden, wenn im Abstand von 2 Tagen ein regelmässiges Auffrischen erfolgt. Hierzu ist der Sauerteig-Chef mit gleicher Wassermenge und der doppelten Mehlmenge aufzufrischen und vor erneuter Kühlstellung 1 bis 2 Stunden bei Raumtemperatur reifen zu lassen.
Mit Levit-Fermenta, dem aktiven natürlichen Hebel auf Sauerteigbasis, kann bereits innert 24 Stunden ein ausgereifter Vorteig hergestellt werden, der sich bei allen Triebführungsarten einsetzen lässt.

Sauerteig-Satz für eine Tages- oder Wochenproduktion

Wasser, 40° C	1000 g	1000 g	1000 g	1000 g
Levit-Fermenta, aktiv*	200 g	200 g	200 g	200 g
Ruchmehl (Typ 1100)	1800 g			
Halbweissmehl (Typ 720)		1800 g		
Grahamschrot, fein (Typ 1900)			1500 g	
Roggenmehl, dunkel (Typ 1100)				1200 g

Die Zutaten schonend miteinander kneten. Das Anstellgut in Plastikbehälter legen, zudecken und *24 Stunden bei 35° C lagern.*

Anschliessend an die Entwicklungsphase kann der Sauerteig-Satz sofort weiterverarbeitet oder ohne Qualitätsveränderung im Kühlschrank für die Wochenproduktion gelagert werden.

Der Sauerteig-Satz kann bei Grossbrot, Spezialbrot und Kleingebäck eingesetzt werden.

*** Levit-Fermenta, aktiv**

Zusammensetzung:
Getrockneter Sauerteig auf Basis von fermentierten Weizen- und Roggenmehlen, Enzyme (Amylasen).

Backmittel

Verwendungszweck

Backmittel können allgemein als Produkte definiert werden, welche der Bäcker zur Erzielung einer bestimmten backtechnischen Wirkung, der Verbesserung der Gebäcksqualität sowie zur Arbeitserleichterung und Produktionssicherheit einsetzt.
Art und Menge des Produktes müssen gezielt auf die verwendeten Rohstoffe, die Verarbeitungsmethode und das gewünschte Endprodukt abgestimmt werden.

Herkunft und Wirkungsweise

Den verschiedenen Aufgaben entsprechend sind Backmittel unterschiedlicher Herkunft und Zusammensetzung. Mehrheitlich Produkte natürlichen Ursprungs, stellen Backmittel vielmehr Zutaten als Zusatzstoffe dar. Der einzelne Bäcker muss jedoch die Wahl seiner Backmittel selber treffen und damit entscheiden, wie weit er auf die zunehmenden Wünsche nach einem möglichst naturbelassenen Nahrungsmittel eingehen kann.
Eine Einteilung der Backmittel lässt sich am besten auf Grund ihrer Wirkungsweise vornehmen.

Lebensmittelrechtliche Aspekte

Mit der Zusatzstoffverordnung sind in der Schweiz Anwendung und Deklaration klar geregelt. Die erlaubten Zusatzstoffe sind in der Positivliste für die einzelnen Lebensmittel namentlich aufgeführt.

Verwendung bei Grossbrot

Mit Ausnahme von Lecithin, das vorwiegend aus der Sojapflanze gewonnen wird, als Fettbegleitstoff in grösserer Menge auch im Ei und dem Weizenkeimling vorkommt und somit einen natürlichen Zusatz darstellt, sind keine anderen Emulgatoren gestattet. Zitronen-, Essig-, Milch- und Weinsäure sowie deren Salze stellen ebenfalls natürliche Stoffwechselprodukte dar, wie sie bei der Teiggärung gebildet werden. Amylasen und Proteasen finden sich – je nach Ernte aber ungenügend – im Getreidekorn und sorgen als Ezympräparate rein zugesetzt für die erforderliche Teigreifung.
Vitamin C (Ascorbinsäure), bekanntlich in vielen Früchten vorkommend, vermag in geringsten Mengen rein eingesetzt (1 bis 2 g pro 100 kg Mehl) den Kleber zu festigen.

Verwendung für Spezialbrote und Kleingebäck

Mit Ausnahme gewisser modifizierter, in der Natur in dieser Form nicht vorkommender Emulgatoren, der Phosphate und der reinen Propionsäure bei abgepacktem Spezialbrot sind auch hier keine artfremden Zusatzstoffe vorzufinden.

Gruppierung der Backmittel

1. Gärungsfördernde Backmittel

Definition
Enzymaktive Produkite aus gekeimter und gedarrter Gerste. Enthalten keine anderen Zusätze und keine Zusatzstoffe.

Zusammensetzung
Malzmehl, Flüssigmalz oder Trockenmalz.

Wirkung
Günstiger Gärverlauf, ergibt dehnbare Teige, verbessert den Ofentrieb. Bewirkt eine intensivere Bräunung und verhindert eine zu trockene, strohige Krume, verbessert die Frischhaltung.

Deklaration
KEINE. Gelten gemäss LMV als Zutaten. Können jedoch als Malz aufgeführt werden.

Anwendung
Für sämtliche helle Brote, Kleinbrot und Feigebäck. Zur Korrektur enzymarmer und triebschwacher Mehle.

2. Geschmacksfördernde Backmittel

Definition
Produkte auf der Basis von getrockneten, fermentierten Weizen- und Roggenteigen (Hebel und Sauerteig). Mit oder ohne aktive Sauerteigflora. Enthalten keine anderen Zusätze und keine Zusatzstoffe.

Zusammensetzung
Sauerteig, getrocknet.

Wirkung
Kontrollierter Gärverlauf, einfachere Triebführung, grössere Produktionssicherheit. Verbessert Krusten- und Krumenbeschaffenheit, Geschmack und Frischhaltung. Besseres Brotaroma.

Deklaration
KEINE. Kann bei höherer Dosierung als Sauerteig aufgeführt werden.

Anwendung
Vorwiegend für Gross- und Spezialbrot. Für rustikale Brotsorten wie auch für Kleinbrot und Kleingebäck

3. Sauerteigstarter

Definition
Anstellgut mit aktiver Sauerteigflora.

Zusammensetzung
Getreidemehle, Milchsäurebakterien, Sauerteighefen.

Wirkung
Sichere Heranführung eines ausgereiften Sauerteiges in kürzerer Zeit. Verbessert als Beigabe zu Hefeteig die Krusten- und Krumenbeschaffenheit, den Geschmack und die Frischhaltung.

Deklaration: KEINE

Anwendung
Sauerteigbrot, Gross- und Spezialbrot, Kleinbrot und Kleingebäck.

4. Kombinierte gärungs- und geschmackfördernde Backmittel

Definition
Malzprodukte, angereichert mit Hefenährstoffen.

Zusammensetzung
Malzmehl, Zuckerarten, Getreide-Quellmehle, Aleuronat, Milchbestandteile, Fettstoffe, Sojamehl. Emulgatoren (Lecithin) Enzyme (Amylasen) Teigführungsmittel (Ascorbinsäure).

Wirkung
Günstiger Gärverlauf, höhere Gärtoleranz, bessere Krusten und Krumenbeschaffenheit, schönere Gebäcksfarbe, bessere Frischhaltung, grösseres Volumen.

Deklaration
Emulgator (Lecithin). Die freiwillige Deklaration der Enzyme (Amylasen) wird empfohlen.

Anwendung
Für Gross- und Spezialbrot. Für Klein- und Feingebäck aus hellen Mehlen.

5. Emulgator-Backmittel

Definition
Kombinationen von Hefenährstoffen, Fettstoffen und Emulgatoren.

Zusammensetzung
Zuckerarten, Fettstoffe, Getreidemehle, Aleuronat, Sojamehl.
Emulgatoren, Enzyme, Teigführungsmittel.

Wirkung
Beschleunigte Gärung, grössere Produktionssicherheit durch erhöhte Gärtoleranz.
Verfeinert die Gebäcksbeschaffenheit, ergibt grössere Volumen, verlängert die Frischhaltung.

Deklaration
Emulgatoren (E-Nummer analog der Positivliste 4.2–4.8)
Die freiwillige Deklaration der Enzyme (Amylasen) wird empfohlen.

Anwendung
Für Spezialbrot, Kleinbrot und Kleingebäck. Darf für Grossbrot *nicht* eingesetzt werden.

6. Kleber-(Gluten)anregende Backmittel

Definition
Ascorbinsäure-Vormischung.

Zusammensetzung
Vitamin C, Stärke.

Wirkung
Festigt den Gluten und verhindert das Breitlaufen der Teige.

Deklaration
KEINE. Ist in Zwischenproduktion (Mehl) jedoch als Teigführungsmittel aufzuführen.

Anwendung
Für direkt geführte Teige sowie Teige mit langer Liegezeit (Gärverzögerung).

Definition
Produkte auf Basis von Ascorbinsäure, Quellmehlen, Aleuronat, Hefenährstoffen, Sojamehl, Fettstoffe.

Zusammensetzung
Evtl. in Kombination mit Lecithin als Emulgator.

Wirkung
Festigt den Gluten, bewirkt eine bessere Wasseraufnahme, ergibt verarbeitungstolerante, trockene und stellige Teige.

Deklaration
Emulator (Lecithin).

Anwendung
Für Gärunterbrechung zur Herstellung von tiefgekühlten Teiglingen. Auch für die Grossbrot-Herstellung gestattet.

Definition
Produkte auf Basis von Ascorbinsäure. Quellmehlen, Aleuronat, Hefenährstoffen.

Zusammensetzung
In Kombination mit Emulgatoren 4.2–4.8 gemäss Positivliste.

Wirkung
Festigt den Gluten, bewirkt eine bessere Wasseraufnahme, ergibt verarbeitungstolerante, trockene und stellige Teige. Gute Triebkraft auch bei langer Lagerung.

Deklaration
Emulgator (E 471–E 482)

Anwendung
Für Gärunterbrechnung zur Herstellung von tiefgekühlten Teiglingen.
Für die Grossbrot-Herstellung *nicht* gestattet, sofern nicht Lecithin als Emulgator.

7. Produkte zur Teigsäuerung

Definition
Säuerungsmittel auf Basis von organischen Säuren und Salzen.

Zusammensetzung
Getreidemehle als Trägerstoffe, Genusssäuren evtl. in Kombination mit Lecithin.

Wirkung
Beeinflusst die Teigbeschaffenheit. Verhütet übermässigen Enzymabbau. Ergibt eine schnittfeste Krume. Unterstützt die Wirkung gärungseigener Säuren.

Deklaration
Genusssäuren, Emulgator (Lecithin).

Anwendung
Für Roggenbrot, rustikale Spezialbrote und Kleinbrot.

8. Enzympräparate

Definition
Produkte zum gärungsunabhängigen Eiweiss- und Stärkeabbau.

Zusammensetzung
Amylasen, Proteasen- und Pentosanasepräpärate evtl. in Kombination mit Genusssäuren, L-Cystein, Lecithin und Ascorbinsäure.

Wirkung
Die Tourierfreundlichkeit der Teige wird erhöht (plastischer Teig). Die tourierten Teige sind weitgehend gärungsunabhängig, da die Enzyme erst während dem Backprozess wirksam werden. Verbesserung der blättrigen Struktur.

Anwendung
Für tourierte Hefeteige

Deklaration
Emulgator (Lecithin), Genusssäuren.
Die Deklaration von Enzymen wird empfohlen.

9. Produkte zur Verhinderung des Verderbs

Definition
Produkte zur Verhinderung des Schimmelbefalles.

Zusammensetzung
Propionsäure, bzw. deren Natrium-, Kalium- oder Calciumsalze.

Wirkung
Der Zusatz wirkt spezifisch auf den Stoffwechsel und verhindert das Wachstum des Schimmelpilzes.

Deklaration
Konservierungsmittel (Propionsäure/E 280 bzw. E 281–283).

Anwendung
Nur für abgepacktes und meist geschnittenes Spezialbrot.
Mit 3 g pro kg Backmenge.
Für Grossbrot *nicht gestattet.*

Definition
Produkte zur Verhinderung der Brotkrankheit.

Zusammensetzung
Essigsäure bzw. deren Natrium-, Kalium- oder Calciumsalze.

Wirkung
Verringert die Hitzeresistenz des Bacillus subtilis und schützt dadurch vor dem Ausbruch der Brotkrankheit.

Deklaration
Genussäuren oder Einzelbezeichnung (E 260–E 263).

Anwendung
Zumeist in der warmen Sommerzeit bei Gross- und Spezialbrot.

Brot als Nahrung

Trotzdem sich die Verzehrsgewohnheiten unserer Bevölkerung in den letzten Jahrzehnten stark geändert haben und der Fleisch- und Zuckerkonsum zuungunsten von Getreideprodukten und Kartoffeln zugenommen hat, stellt Brot auf Grund seiner ausgewogenen Zusammensetzung nach wie vor ein Grundnahrungsmittel par excellence dar. Wohl kaum ein anderes Nahrungsmittel kann für sich beanspruchen, ohne Überdruss täglich in verschiedenster Form mit Freuden genossen zu werden wie das Brot. Die Repräsentativumfrage von Professor Ritzel in Basel im Jahre 1980 zeigt denn auch, dass 45% der Befragten Brot als wichtigstes Nahrungsmittel bezeichnen.

	Vollkornbrot	Ruchbrot	Halbweissbrot
Nährstoffgehalt (pro 100 g)			
Wasser	37,1 g	35,0 g	33,0 g
Kohlenhydrate	44,0 g	50,6 g	54,3 g
Eiweiss	9,0 g	8,2 g	7,6 g
Fett	1,5 g	1,2 g	1,0 g
Nahrungsfasern	6,2 g	2,7 g	1,9 g
Energiewert	225 kcal	246 kcal	257 kcal
	943 kJ	1028 kJ	1074 kJ
Mineralsalze			
Eisen	2,6 mg	1,7 mg	1,1 mg
Natrium	625,0 mg	708,0 mg	739,0 mg
Kalium	240,0 mg	168,0 mg	128,0 mg
Kalzium	62,4 mg	39.0 mg	30,8 mg
Magnesium	68,1 mg	40,9 mg	25,8 mg
Phosphor	196,0 mg	147,0 mg	108,0 mg
Vitamine			
Thiamin (B_1)	0,222 mg	0,202 mg	0,099 mg
Riboflavin (B_2)	0,094 mg	0,079 mg	0,052 mg
Niacin	1.970 mg	1,346 mg	0,870 mg

Deckung des täglichen Nährstoffbedarfs eines Menschen durch 200 Gramm Vollkornbrot

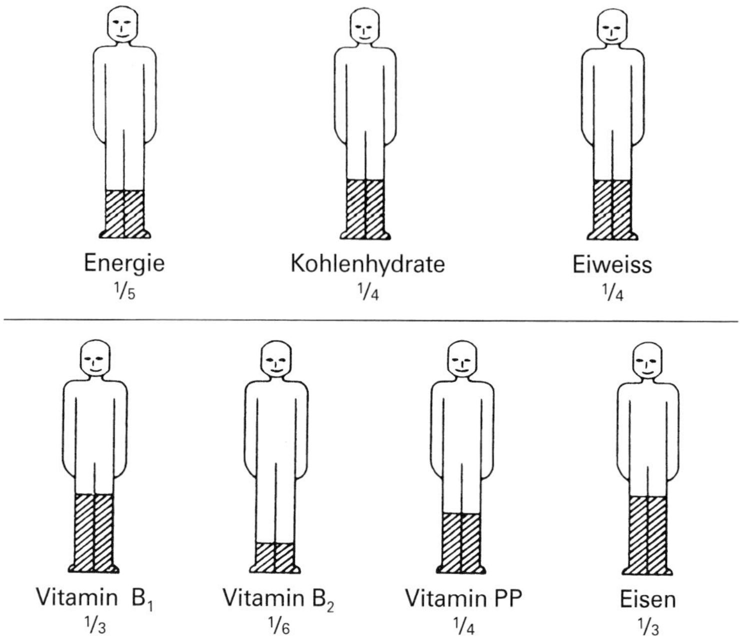

Brot ist dank seiner ausgewogenen Zusammensetzung das wichtigste Grundnahrungsmittel. Der Bäcker sorgt mit seinem vielfältigen Angebot für eine gesunde und gute Ernährung.

Brotverzehr

Der nach der BIGA-Statistik ermittelte Brotverzehr liegt heute bei zirka 28 kg pro Kopf und Jahr, was einer täglichen Brotmenge von 75 g entspricht.
Dabei ist jedoch der Ausserhaus-Verzehr nicht inbegriffen. Mit diesem vorwiegend dem Kleinbrot und Kleingebäck zugerechneten Anteil liegt der tägliche Verzehr zwischen 130 und 150 g.

Brotverzehr zu den verschiedenen Mahlzeiten

Frühstück	78%
Znüni	29%
Mittagessen	36%
Zvieri	24%
Nachtessen	74%

Frühstück und Nachtessen sind eindeutig die bevorzugten Brotmahlzeiten. In Anbetracht des beliebten Sortimentes mag es erstaunen, dass zu den Zwischenmahlzeiten relativ wenig Brot und Gebäck gegessen wird.

Nährwert des Brotes

Die Nährstoffe sind im Getreidekorn unterschiedlich verteilt. Der innerste Teil des Kornes, der Mehlkörper, enthält vorwiegend Kohlenhydrate, währenddem die ernährungsphysiologisch hochwertigen Eiweissstoffe hauptsächlich in den Randschichten angereichert sind. Mineralstoffe und Vitamine sind ebenfalls im Schalenbereich des Kornes sowie im Keimling (Eisen, Vitamin E) konzentriert. Die äussere Schutzschicht des Getreidekornes besteht aus hochaufgebauten Kohlenhydraten (Cellulose). Für den menschlichen Organismus unverdaulich werden sie als Nahrungsfasern (Ballaststoffe) bezeichnet und sind für die Verdauung (Speichelfluss, Verweilzeit der Nahrung im Magen, Darmperistaltik, Stuhlbeschaffenheit) von Bedeutung. Die Aufgaben der Nahrungsfasern sind lange Zeit verkannt worden (Trend zu raffinierten Nahrungsmitteln). Erst in neuester Zeit wird der ausreichenden Zufuhr von Nahrungsfasern (30 bis 35 g täglich) wieder Beachtung geschenkt.
Auf Grund der unterschiedlichen Verteilung der Nährstoffe im Getreidekorn muss bei der Beurteilung, welcher Brottyp diesen Anforderungen am ehesten gerecht wird, dem Ausmahlungsgrad des Mehles Rechnung getragen werden.
Berücksichtigt man Verzehrungsgewohnheiten und Erkenntnisse der Ernährungswissenschaft, sollte ein Brot mit hohem ernährungsphysiologischem Wert folgende Eigenschaften aufweisen:

- niedriger energetischer Nährwert (Kohlenhydrat- und Fettreduktion)
- hoher biologischer Nährwert, d.h.
  - grosser Anteil hochwertiger Eiweissstoffe
  - reich an Vitaminen des B-Komplexes
  - reich an Mineralstoffen, vor allem Eisen
- hoher Nahrungsfaseranteil

Brot- und Backwarenkonsum 1987–1992

Haus- und Ausserhausverpflegung (Gramm pro Person und Tag: g/P/T) *% und g/P/T*

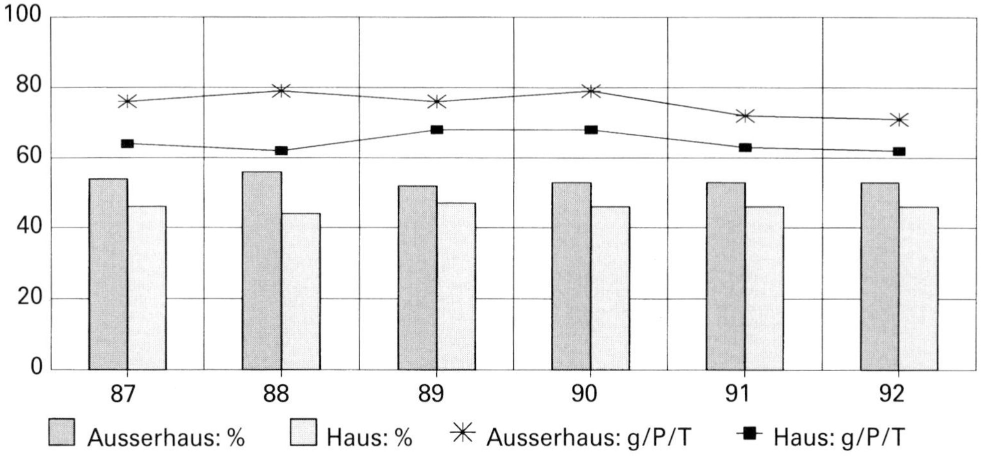

Mit **71,5 g** pro Person und Tag (53,5%) übersteigt der Ausserhaus-Verzehr nach wie vor den Hauskonsum von 62,5 g (46,5%).

Das Brotsortiment im Bäckerladen

In unserem Lande werden weit über 100 verschiedene Brotsorten hergestellt. Dazu kommen noch ebensoviele Kleinbrote und Kleingebäcke in verschiedener Art. Das selbständige Bäckergewerbe ist bestrebt, aus der Vielfalt die in der betreffenden Region beliebten und somit meistverlangten Brot- und Gebäcksorten anzubieten. Nebst einem ausgewogenen Standardsortiment, das von hellen über dunkle Brotsorten bis zu den verschiedenen Vollkorn- und bekannten Spezialbrote reicht, sorgt der Bäcker durch Verbandsaktionen und Eigenkreationen laufend für Abwechslung, wobei die gesunde und gute Ernährung im Vordergrund steht.
Das vielfältige Brot- und Gebäcksortiment lässt sich unter Berücksichtigung der lebensmittelrechtlichen Vorschriften wie folgt gliedern:

Begriffsbestimmungen

Bäckerei-Produkte

Die Gruppe der Bäckereiprodukte umfasst sowohl reine Wassergebäcke wie auch Brot und Gebäck mit Milch, Butter und Eiern als Zutaten. Die Aufgliederung nach Grossbrot, Spezialbrot, Zopfgebäck, Kleinbrot und Kleingebäck entspricht gleichzeitig dem statistisch erfassten Brot- und Gebäcksverzehr.

Grossbrot

Aus artreinem Backmehl (Halbweiss- oder Ruchmehl) hergestellt. Gewichtseinheiten: ausschliesslich in Laiben von 250, 500, 1000, 1500, 2000 g.

Charakteristik: Zumeist Langbrot sowie übrige kantonale Brotformen aus Teigen von unterschiedlicher Festigkeit.

Typische Produkte: Zürcher Langbrot, Berner-, Basler-, St.-Galler-Brot, Luzerner Weggen, Waadtländer Kreuzbrot.

Spezialbrot

Beliebiges Gewicht *über 150 g.* Spezialbrote sind aus Mehlen unterschiedlicher Ausmahlung (Weiss-, Halbweiss-, Ruchmehl, Vollkornmehl) und verschiedenen Brotgetreidearten (Weizen, Roggen, Mehrkornmischungen) zusammengesetzt.

Charakteristik: Sie werden angereichert mit weiteren Zutaten, wie Milch, Fettstoffe, Früchte, Nüsse und Kerne, Weizenkeime, Sesam, Mohn, Leinsamen, Soja, Kleie.

Vollkornbrote

Ausschliesslich aus Vollkornmehl hergestellt (Ausmahlungsgrad 98%). Der Zusatz anderer Mehle zur Verbesserung der Backfähigkeit ist nicht gestattet.

Charakteristik: Zutaten wie Früchte, Nüsse und Kerne sind möglich. Bei Mehrkornbroten gelten ausschliesslich die verschiedenen Brotgetreidearten als Kornbestandteile. Meist in Formen gebacken.

Typische Produkte: Graham-, Steinmetz-, Dr.-Bircher-Brot, Fünfkornbrot, Sechskornbrot.

Roggenbrote

Vom Mehlquantum müssen mindestens zwei Drittel aus Roggen bestehen. Es werden dunkle und helle Roggenmehle sowie Schrotmehle, die gesäuert werden, verarbeitet.

Charakteristik: Vielfach runde oder längliche Brote mit mehliger und gestupfter Oberfläche sowie Fladenbrote.

Typische Produkte: Helle und dunkle Roggenbrote, Walliser Roggenschrotbrot, Roggenringbrot.

Übrige Spezialbrote

Der hauptsächlich verwendeten Mehlsorte ensprechend lässt sich eine Gliederung nach den vorwiegenden Mehlsorten vornehmen. Zusätze, welche auf eine ernährungsphysiologische Anreicherung abzielen, unterliegen den einschlägigen Vorschriften.

Charakteristik: Die Zutaten müssen mengenmässig so bemessen sein, dass der arttypische Charakter gewährleistet ist. Form und Aussehen beliebig.

Typische Produkte:
Aus vorwiegend hellen Mehlen
— Burebrot, Tessiner-, Bürli-, Schiltbrot, Model- und Toastbrot
Aus vorwiegend dunklen Mehlen
— Kleiebrot, Kernen- Hafer- und Weizenflockenbrot
mit Schrotanteilen
— Gupf-, Rustico-, Fitbrot
mit Zutaten
— Soja-, Mais-, Kartoffelbrot, Sesambrot, Leinsamenbrot, Nuss- und Früchtebrot

Kleinbrot

Beliebiges Gewicht *unter 150 g.* Unter diesen Begriff fallen die reinen Wassergebäcke aus verschiedenen Mehlen wie auch die Wassergebäcke mit Zutaten wie Kümmel und Salz, Sesam, Mohn zur Bestreuung der Oberfläche sowie Öl zur Verfeinerung. Daneben sind aber auch Kleinbrote aus dem Spezialbrotsortiment vertreten.

Charakteristik: Vorwiegend in Portionengrösse (40–60 g) sowie als Partybrötchen in kleinsten Einheiten (ca. 30 g) hergestellt.

Typische Produkte: Semmel, Bürli-, Graham-, Roggenbrötli; Salz- und Kümmelweggen, Sesambrötli und Mohnweggli; Cornetti, Burebrötli, Gupfbrötli.

Kleingebäck

Beliebiges Gewicht unter 150 g. Hierzu zählen Milch- und Buttergebäcke sowie Produkte aus tourierten Gipfelteigen.

Charakteristik: Meistens in Portionengrössen hergestellt.

Typische Produkte: Weggli und Sandwiches, Gipfel, Brioches.

Zopfgebäcke

Reichhaltiger Teig mit Weissmehl, Milch, Butter und Eiern hergestellt. Es werden auch dunkle Mehltypen eingesetzt.

Charakteristik: Auf verschiedenste Art geflochten sowie auch in Formen gebacken, Weggen aus Zopfteig.

Typische Produkte: Zweistrangzopf, mehrteilige Zopfgebäcke, verschiedene Weggenformen.

Produkte aus der Feinbäckerei

Speziell reichhaltige Teige oder bereicherte Teige mit oder ohne Füllungen im gesalzenen wie im süssen Bereich werden in der Feinbäckerei hergestellt. Gebackene Früchtekombinationen sowie Käse und Fleisch in Verbindung mit Kuchen- oder Blätterteig sowie Honigteigprodukte und einfache Stückli runden dieses Sortiment ab.

Feingebäck

Gebäcke aus reichhalteren, süssen Teigen.

Charakteristik: Sie weisen nebst Milch, Butter und Eiern einen höheren Zuckeranteil auf.

Kleine Hefegebäcke

Beliebiges Gewicht *unter 150 g.*

Charakteristik:	Typische Produkte:
Kleine Gebäcke aus Hefesüssteig gefüllt und ungefüllt. In Portionengrössen hergestellt.	Zuckerbrötli, Chremenrollen, Appenzeller-Nussgipfel und Nussstengel
Gebäcke aus touriertem Hefesüssteig.	Nussgipfel und Schnecken
Gebäcke aus Plunderteig.	Dänisch Plunder wie Schlüferli, Kämme usw.

Grosse Hefegebäcke

Beliebiges Gewicht *über 150 g.*

Charakteristik:	Typische Produkte:
Gebäcke aus Hefesüssteig gefüllt und ungefüllt in beliebiger Form. Zumeist in Formen, aber auch freigeschoben.	Streuselzopf, Dreikönigskuchen, Gugelhopf, Taillaule, Panettone, Ostertauben, Christ- und Dresdnerstollen, Birnenbrote
Gebäcke aus touriertem Hefesüssteig.	Bienenstich und Streuselkuchen, Hefering und Hefekranz, Rollkuchen, Russenstollen, Birnenweggen
Gebäcke aus Plunderteig.	Grosse Plundergebäcke

Kuchen, Wähen und Pizza

Gebäcke mit Unterlage aus verschiedenen Teigen. Auflagen mit Früchten, Gemüsen, Käse usw. sowie mit oder ohne Gussbeigabe.

Charakteristik:	Typische Produkte:
— Süsse Kuchen	
Produkte aus Süssguss und allfälligen weiteren Beigaben.	Rahmkuchen, Nidelwähe, Nusskuchen
Produkte mit Früchtebelag und mehr oder weniger Süssgusszugabe.	Apfel-, Aprikosen-, Zwetschgen-, Kirschen-, Rhabarberzugaben
Früchtekuchen ohne Guss.	Gleiche Belegfrüchte
— Gesalzene Kuchen	
Produkte aus gesalzenem Käseguss	Käsekuchen
Produkte aus gesalzenem Käseguss mit weiteren Zutaten	Käse-Tomatenkuchen, Käse-Zwiebelkuchen, Quiche Lorraine, Käse Champignonskuchen
Produkte mit Gemüseauflagen und Salzguss	Spinat-Speckkuchen, Ratatouille, Kartoffelspeckkuchen
— Pizza	
Auf Spezialteig Auflagen mit Tomaten, Schmelzkäse, Schinken, Sardellen, Peperoni, Oliven und zahlreichen Gewürzen	Pizza à la mode du chef, Pizza Napolitana, Pizza Quattro Stagione

Stückli

Gebäcke aus Teigen, wie süsser Butterteig, und verschiedene Massen, wie Biscuitmasse, Buttermasse, Schneemasse, Makronenmasse in Verbindung mit Marmelade, confierten oder getrockneten Früchten, Nüssen und Kernen.

Charakteristik: Ohne Cremefüllung jedoch kombiniert mit Marmelade, confierten oder getrockneten Früchten, Nüssen und Kernen.

Typische Produkte: Sablé, Vanillebrezel, Totenbeinli, Butter-S, Schmelzbrötli, Makrönli, Vogelnestli, Amaretti, Schokolade-S, Kokosmakronen sowie Blätterteig-Stückli.

Lebkuchen und Biber

Meist aus Honigteigen hergestellte, ungefüllte, gefüllte oder bereicherte Produkte, die als grosse Stücke wie auch als Stückli oder Konfekt verkauft werden.
Ausnahme: Luzerner Lebkuchen mit Birnenhonig (eingedicktem Birnensaft) hergestellt.

Charakteristik:
ungefüllt mit Eiweiss-Spritzglasur oder Papier- sowie Marzipan-Bildern garniert.
— gefüllt mit Mandel- oder Haselnuss-Füllung meist in Model ausgedrückt.
— bereichert mit Orangeat, Zitronat, gehackten Mandeln.
— typisch ist der Natrongeschmack beim Luzerner Lebkuchen.

Typische Produkte: Lebkuchen, Fladen, Biber, Basler Leckerli, Berner Haselnuss-Lebkuchen, Magenbrot, Honignüssli, Luzerner Lebkuchen.

Schwimmend Gebackenes

(Fettgebackenes)

Man versteht darunter alle diejenigen Gebäcke, die nicht im Ofen, sondern in Fett oder Öl gebacken werden. Bei den meisten handelt es sich um Saisonartikel, die während einer bestimmten Zeit, z.B. Fasnacht oder Jahrmarkt, hergestellt und stückweise verkauft werden.

Charakteristik: Als Füllung werden Marmelade, Ziger, Mandelmasse, Birnenweggenfüllung, Vanillecreme sowie Sultaninen oder Cakes-Früchte eingesetzt. Überstreut werden die meisten Produkte mit Puder oder Zimtzucker.

Typische Produkte: Berliner, Schlüferli, Schenkeli, Fasnachtsküchli, Storchennester, Zürcher oder Innerschweizer Zigerkrapfen, Rosenküechli, Zigerkugeli, Spritzkuchen.

Diätetische Brote

Brote, die aufgrund ihrer Zusammensetzung den besonderen Ernährungsbedürfnissen von Menschen entsprechen, die aus gesundheitlichen Gründen eine andersartige Kost benötigen, obliegen den lebensmittelrechtlichen Vorschriften für diätetische Lebensmittel (Artikel 180 bis 185 der LMV). Insbesonders sind die Vorschriften bezüglich sorgfältiger Herstellung, der Verpackung und Deklaration (Nährwertangaben, Hersteller, Datum) zu beachten. Anpreisungen bedürfen der Bewilligung des Bundesamtes für Gesundheitswesen, welches nach Vorliegen der Zusammensetzung und des Untersuchungsberichtes eines amtlichen Laboratoriums (Kantonschemiker) die entsprechende Bewilligung (BAG-Nummer) erteilt. Hierzu zählen glutenfreie Brote, natriumarme und streng natriumarme Brote.
Dagegen gelten kohlenhydratverminderte, eiweissangereicherte und nahrungsfaserreiche Brote als Speziallebensmittel. Eine Bewilligung durch das BAG ist nicht erforderlich.

Kohlenhydratvermindertes Brot

Dieses muss mit herkömmlichem Brot verglichen einen wesentlich geringeren Gehalt an Kohlenhydraten aufweisen (mindestens um 30% herabgesetzt). Nebst den vorgeschriebenen Nährwertangaben über den durchschnittlichen Gehalt an verwertbaren Kohlenhydraten, Eiweiss und Fett muss auch der durchschnittliche Energiewert in kJ (kcal) pro 100 g angegeben werden.

Natriumarmes und streng natriumarmes Brot

Als natriumarm darf nur Brot bezeichnet werden, dessen Natriumgehalt höchstens 0,12% beträgt. Als streng natriumarm gelten Nahrungsmittel, deren Natriumgehalt höchstens 0,04% beträgt. Wird zur Abrundung des Geschmacks des ohne Kochsalz hergestellten Brotes Diätsalz eingesetzt, muss beachtet werden, dass dieses in seiner Zusammensetzung der Kostform des Patienten entspricht. Der Natrium- und der Kaliumgehalt ist in Gramm pro 100 g Brot anzugeben.

Glutenfreies Brot

Die Unverträglichkeit von Gliadin (Glutenbestandteil) erfordert bei der als Coeliakie- oder Herterschen Krankheit bezeichneten chronischen Darmerkrankung, welche meist bei Kleinkindern eintrifft, eine sehr strenge Diät. Zur Brotherstellung dürfen daher keine Weizen-, Roggen-, Gersten- und Hafermehle eingesetzt werden. Auf der Basis von Stärken, Soja- und Milcheiweiss (als Mehlmischung im Handel) lassen sich unter Beachtung der besonderen Herstellungsweise geeignete Gebäcke herstellen.

Das Brot

Das Ziel eines jeden Bäckermeisters ist es, ein Brot von vorzüglicher Qualität, das gut gelockert, bekömmlich und auch von schönem appetitlichem Aussehen ist, herzustellen. Von entscheidender Bedeutung sind Mehlqualität, Teigbearbeitung, Teigtemperatur, Triebführung, Teigbehandlung, Aufarbeiten, Gärverlauf sowie das Backen.

Richtlinien für die Gross-, Spezial- und Kleinbrotherstellung

Allgemeines

Beinahe so vielfältig wie das Brot- und Gebäcksortiment ist auch die Arbeitsweise, mit welcher der Bäcker seine Produkte herstellt. Jede Methode hat ihre Vor- und Nachteile, zum guten Gelingen müssen in jedem Fall die einzelnen Verarbeitungsschritte aufeinander abgestimmt sein. Die nachstehenden Richtlinien haben daher nur grundsätzlichen Charakter, es bedarf eingehender Kenntnisse des Fachmannes, Teigbereitung, Triebführung, Aufarbeitung und den Backprozess so zu steuern, dass er mit Sicherheit zu der gewünschten Brot- und Gebäcksqualität gelangt.

Die Triebführung

Die Wahl der optimalen Triebführungsart hängt wesentlich von der Teigzusammensetzung und dem gewünschten Gebäckscharakter ab. Der Fachmann wird aber unter Berücksichtigung der betrieblichen Struktur, des Produktionsprogrammes und der angestrebten Gebäcksqualität von Fall zu Fall selbst entscheiden müssen, welche Triebführung vorteilhaft zur Anwendung gelangt.

Die indirekte Triebführung

Der indirekten Triebführung liegt eine stufenweise Teigherstellung zu Grunde, wobei über einen Vorteig der Hauptteig hergestellt wird. Der Vorteig oder Hebel hat dabei folgende Funktionen zu erfüllen:

- Bessere Einlagerung des Wassers durch Vorverquellung und Aufschliessen der kleberbildenden Eiweissstoffe
- Hefevermehrung bis zu 30 Prozent bei achtstündiger Liegezeit
- Bildung von Brotaromastoffen
- Bildung von Gärungssäuren wie Milch- und Essigsäure als Voraussetzung für den charakteristischen Brotgeschmack und eine positive Beeinflussung des Frischhaltevermögens.

Innerhalb der indirekten Triebführung gibt es verschiedene Methoden und Anwendungsmöglichkeiten, so

- der langgeführte Vorteig (8 bis 10 Stunden über Nacht)
- der kurzgeführte Vorteig (2 bis 4 Stunden)
- der Schnellhebel
- der Pouliche

Jede Methode hat ihre Vorteile und ihre besondere Eignung für bestimmte Gebäckarten.

Der langgeführte Hebel

Geeignet für Grossbrot, Spezialbrot und einfache Kleinbrotsorten

Gärdauer:	8 bis 10 Stunden
Hebelanteil:	zirka 1/4 bis 1/3 der Gesamtmenge
Hefebeigabe:	10 bis 30 g pro Liter Schüttflüssigkeit, 1/5 davon in den Hebel
Hebeltemperatur:	16 bis 20°C
Hebelfestigkeit:	Entsprechend der Teigfestigkeit
Hebelreife:	Der Hebel darf leicht gefallen sein, muss sich aber erneut wölben.

Der kurzgeführte Hebel

Geeignet für Spezialbrot, Klein- und Hefegebäck

Gärdauer:	2 bis 4 Stunden
Hebelanteil:	zirka die Hälfte der Gesamtmenge
Hefebeigabe:	30 bis 40 g pro Liter Schüttflüssigkeit. Je nach Gärdauer wird dem Teig zusätzlich noch 20 bis 40 g pro Liter beigegeben.
Hebeltemperatur:	25 bis 28°C

Hebelfestigkeit:	Entsprechend der Teigfestigkeit
Hebelreife:	Der Hebel soll schön gewölbt sein und kurz vor dem Zusammenfallen stehen.

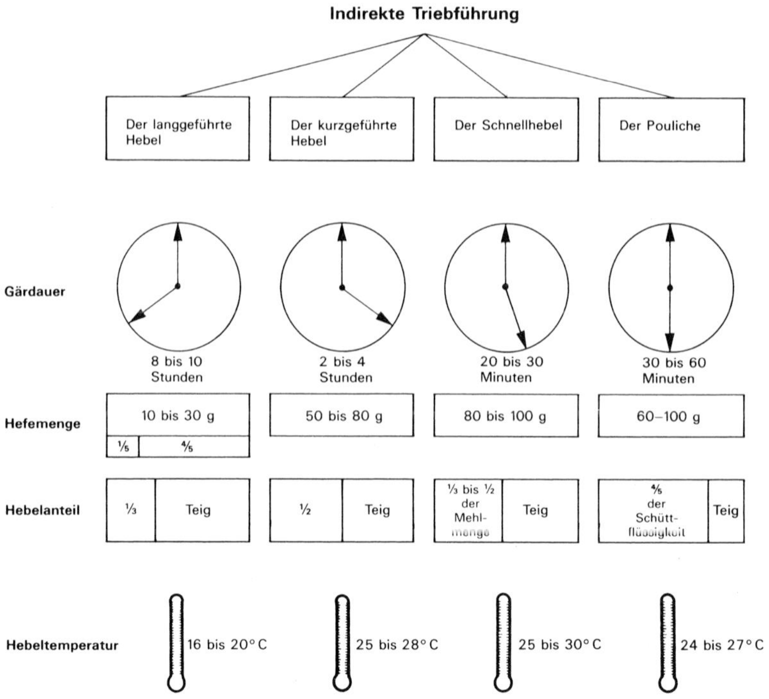

Der Schnellhebel

Geeignet vor allem für sehr reichhaltige Teige, damit der Kleberanteil schon vorquellen kann und dadurch plastischere Teige ergibt.

Gärdauer:	20 bis 30 Minuten
Hebelanteil:	⅓ bis ½ der Gesamtmehlmenge
Hefebeigabe:	80 bis 100 g pro Liter Schüttflüssigkeit
Hebeltemperatur:	25 bis 30°C
Gärwasser-temperatur:	35 bis 40°C
Hebelfestigkeit:	zirka 2 kg Mehl pro Liter Schüttflüssigkeit
Hebelreife:	Das reife Teigstück steigt im Wasser hoch und schwimmt an der Oberfläche.

Das Teigstück zu einem Ring formen und ins Gärwasser legen. Nach 10 bis 15 Minuten den Ring im Wasser drehen. Nach weiteren 10 bis 15 Minuten ist der Hebel für die Teigherstellung reif. Vorsicht, der Hebel nimmt Wasser auf, was anschliessend bei der Teigzubereitung berücksichtigt werden muss.

Der Pouliche

Geeignet für mürbe Gebäcke mit röscher Kruste

Gärdauer:	½ bis 1 Stunde
Hebelanteil:	⅘ der Gesamtschüttflüssigkeit
Hefebeigabe:	60 bis 100 g pro Liter Wasser
Hebeltemperatur:	24 bis 27°C
Hebelfestigkeit:	Pro Liter Wasser zirka 500 g Mehl
Hebelreife:	Bei intensiver Blasenbildung an der Oberfläche ist der Pouliche zur Teigherstellung reif.

Der Pouliche wird mit einem Schwingbesen gut angerührt und bei Backstubentemperatur stehen gelassen.

Die direkte Triebführung

Im Gegensatz zur indirekten Triebführung werden bei dieser Methode alle Zutaten *direkt* zu einem Teig verarbeitet. Auch hier sind verschiedene Herstellungsarten möglich, die je nach Gebäck zur Anwendung gelangen.
Man unterscheidet:
- die lange direkte Triebführung (Gärdauer 8 bis 10 Stunden über Nacht)
- die kurze Triebführung (Gärdauer 1 bis 3 Stunden)
- die Schnell- oder Expressmethode

Die lange direkte Triebführung

Diese Art kommt hauptsächlich für Grossbrot jedoch weniger für Kleinbrot in Frage. Dagegen findet sie für tourierte Teige sehr oft Anwendung. Sie kommt in ihrer Wirkung dem langgeführten Hebel ähnlich. Je nach Mehlqualität, Gärdauer und Teigtemperatur kann die lange Gärzeit zu Nachteilen führen. Um diesen zu begegnen, ist es vorteilhaft, die Teige ganz kalt zu führen.

Gärdauer:	8 bis 10 Stunden
Hefebeigabe:	15 bis 25 g je Liter für Grossbrot 40 bis 60 g je Liter für Klein- und Spezialbrot
Teigtemperatur:	14 bis 18°C
Teigfestigkeit:	Entsprechend dem Brottyp

Die kurze Triebführung

Sie ist heute die verbreitetste Triebführung und eignet sich für die meisten Brot-, Spezial- und Kleinbrotsorten. Diese Methode erlaubt eine rasche Arbeitsweise, sie spart Zeit, erleichtert die Teigüberwachung, verhindert den Gärverlust und gibt eine ausgeglichene Gebäcksqualität. Diesen Vorteilen steht der Nachteil der geringeren Aroma- und Geschmacksbildung und einer kürzeren Frischhaltung gegenüber.

Gärdauer: 1 bis 3 Stunden
Hefebeigabe: 40 bis 60 g pro Liter Schüttflüssigkeit für Grossbrot
60 bis 80 g pro Liter Schüttflüssigkeit für Klein- und Spezialbrot
Teigtemperatur: 22 bis 24°C
Gärraumtemperatur: 24 bis 27°C
Teigfestigkeit: Entsprechend dem Gebäck

Da diese Teige kürzeren Gärzeiten unterworfen werden, müssen sie bei der Teigbereitung intensiver bearbeitet werden. Um solchen Teigen die nötige Stelligkeit und Triebfähigkeit zu verleihen, zieht man sie während des Gärens auf. Zur Verbesserung der Gebäcksqualität besteht die Möglichkeit, Backmittel wie Levit zuzusetzen.

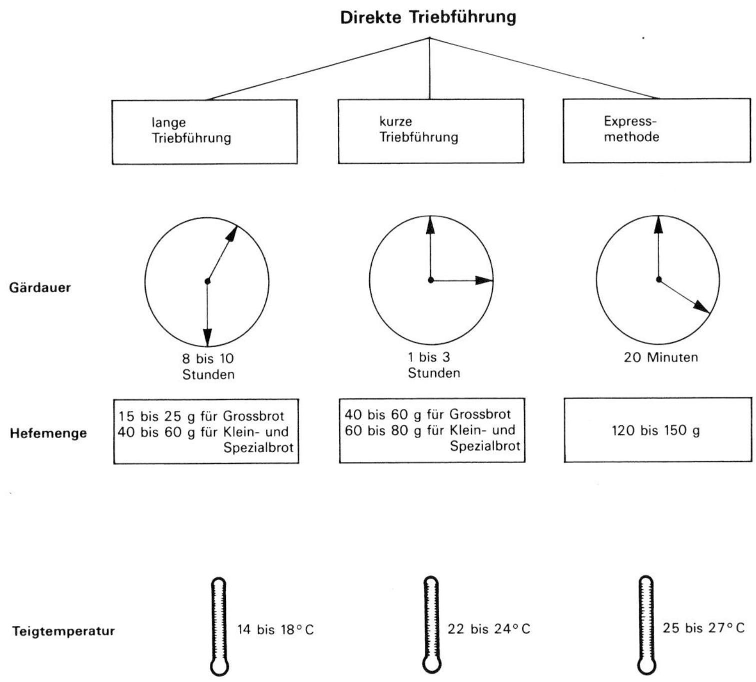

Die Expressmethode

Die Entwicklung und Neukonstruktionen der Knetmaschinen haben neue Möglichkeiten in der Knettechnik geschaffen. Während bei der konventionellen Teigbearbeitung die Teige einer biologischen Reife unterworfen werden müssen, wird durch die moderne intensive Teigbearbeitung eine mechanische Teigreife herbeigeführt. Die Teige können deshalb sofort nach dem Kneten aufgearbeitet werden. Diese Methode eignet sich hauptsächlich für die Kleinbrotherstellung und findet wie folgt Anwendung:

Gärdauer: 10 bis 20 Minuten
Hefebeigabe: 120 bis 150 g pro Liter Schüttflüssigkeit
Teigtemperatur: 25 bis 27°C
Teigfestigkeit: normal

Das Backresultat kann verbessert werden, wenn man den Teigen entsprechende Backmittel zusetzt.
Wird dem Teig das Salz erst nach der Hälfte der Knetzeit zugefügt, lassen sich Triebkraft, Teigentwicklung und Gebäcksausbildung durch die plastischere Teigbeschaffenheit günstig beeinflussen.
Der Teig ist sofort aufzuarbeiten.
Wichtig ist, dass der Teig eine Temperatur von 25 bis 27°C aufweist, damit die Stückgare gewährleistet wird. Normalerweise sollen bei der Expressmethode die aufgearbeiteten Stücke bereits 30 Minuten nach dem Aufarbeiten eingeschossen werden können.

Gärverzögerung

Diese – eigentlich fälschlicherweise auch Gärstop genannte Arbeitsmethode – basiert auf einer vorübergehenden Absenkung der Teigtemperatur der bereits fassonierten Teigstücke auf den Nullpunkt (+2°C bis −2°C) und erfordert eine regulierbare Kühlzelle mit einer relativen Luftfeuchtigkeit von 70 bis 85%. Nach der Gärverzögerungsphase, welche beliebig gesteuert werden kann, erfolgt eine Antauphase, wobei die Gärtemperatur schrittweise erhöht wird, um dann die Teiglinge in einer Heizphase auf Vollgare zu bringen. Zeitlich aufeinander abgestimmt kann somit nach Bedarf gebacken werden.

Teigherstellung

Knetzeit: Je nach Maschinentyp 12 bis 16 Minuten. Es ist auf eine schonende, aber ausreichend lange Teigbearbeitung zu achten.
Teigkonsistenz: Eher etwas fester, das heisst 2 bis 3% niedrigere Teigausbeute
Hefequantum: 20 bis 25 g pro Liter bei Grossbrot
40 bis 70 g pro Liter bei Klein- und Spezialbrot
Teigliegezeit: unmittelbar nach der Teigherstellung aufarbeiten
Backprozess: 15 bis 20°C niedriger als üblich
Backmittel: Produkte auf der Basis von Ascorbinsäure, die ein Breitlaufen der Teiglinge vermeiden.

Die Teigbereitung

Die Verarbeitung

Voraussetzung zur Erzielung einer einwandfreien Gebäcksqualität ist die genaue Einhaltung folgender Punkte:

- genaues Abwägen sämtlicher Zutaten
- Diese entsprechend vorbereiten und in der richtigen Reihenfolge verarbeiten.
- Zutaten wie Fett, Sesam, Mohn, Leinsamen usw. erst am Ende des Knetprozesses beigeben.
- Nüsse, Kerne und Früchte erst am Schluss sorgfältig unter den Teig mischen und nicht mehr kneten. Die Früchte vorher gut waschen und einweichen. Sie müssen jedoch vor der Beigabe abgetropft werden, damit sie sich mit dem Teig gut vermengen lassen.

Der Knetprozess

Die optimale Teigentwicklung hängt von nachstehenden Faktoren ab:

- Mehlqualität
  Intensive Teigbearbeitung für starke, eine schonendere für schwache Mehle
- Teigfestigkeit
  Feste Teige sind infolge der Eigenbearbeitung eher entwickelt als weiche.
- Teigtemperatur
  Höhere Temperaturen bewirken eine rasche Quellung der Eiweissstoffe.
- Teigzusammensetzung
  Reichhaltige Teige benötigen eine längere Entwicklungszeit.
- Triebführung
  Je kürzer die Gärdauer des Teiges ist, um so intensiver muss die Teigbearbeitung sein, damit eine mechanische Teigreife erreicht wird.
- Knetmaschine
  Die optimale Knetdauer beträgt:

a) bei 28 bis 40 Touren pro Minute	25 bis 30 Minuten
b) bei 80 bis 120 Touren pro Minute	8 bis 12 Minuten
c) bei 1400 bis 2800 Touren pro Minute	1 bis 2 Minuten

Diese verschiedenen Teigmaschinen beeinflussen durch die Teigerwärmung die Teigtemperatur sehr unterschiedlich, was bei der Schüttwassertemperatur berücksichtigt werden muss.
Durch Ausziehen eines Teigstückes mit beiden Händen kann die Teigentwicklung geprüft werden. Je dünner der Teig ausgezogen werden kann, um so vollständiger ist der Teig entwickelt.

Die Teigtemperatur

Die idealste Teigtemperatur für Hefeteige liegt bei 24 bis 26°C. Um ein Verhauten oder gar Verkrusten der Teige zu verhindern, sind Hefeteige immer 1 bis 2°C unter der Backstubentemperatur zu führen.

Teige, die sich während der Gare um 1 bis 2°C erwärmen, weisen einen gesunden Trieb auf. Die Hefemenge muss auf die Teigtemperatur abgestimmt werden. Es ist jedoch vorteilhafter, bei Teigen mit einer langen Gärdauer die Triebgeschwindigkeit nicht durch zu kleine Hefemengen sondern eher durch tiefere Temperaturen zu steuern.

Die Stückgare

Der Geschmack und das Aussehen der Gebäcke werden stark durch die Stückgare beeinflusst. Diese richtet sich wiederum nach der Teigzusammensetzung, der Gebäcksart und der Backtemperatur.
Folgende Punkte sind zu beachten:

- Festere Teige erfordern eine längere Stückgare.
- Geschnittenes Brot bei eher knapper Gare einschiessen.
- Gebäcke ohne Rissbildung müssen eine volle Stückgare aufweisen.
- Die Stückgare richtet sich ebenfalls nach der Ofentemperatur; jung bei kaltem, vollreif bei heissem Ofen.

Backen

Dem Backen kommt eine eminente Bedeutung zu. Die wichtigsten Merkmale beim Backen sind:

- die der Brotsorte entsprechende richtige Ofentemperatur
- das Erkennen der optimalen Stückgare
- ein korrektes Schneiden für gewisse Sorten
- das wohldosierte Dämpfen und das frühzeitige Abziehen des Dampfes
- das sorgfältige Ausbacken.

VAUD
LIBERTÉ ET PATRIE
BERN
LUZERN
VALAIS
TICINO

Kantonale und regionale Brote

Nahezu aus jedem Kanton, teilweise auch Halbkanton, sind altüberlieferte, spezifische Brotformen bekannt. Im Laufe der letzten Jahrzehnte hat sich die Beliebtheit und somit die Herstellung vieler Sorten über die jeweiligen Kantonsgrenzenn hinaus verbreitet; sie sind demzufolge von regionaler Bedeutung. Andere dagegen sind heutzutage leider selbst im namengebenden Kanton nur noch selten anzutreffen.

Allgemeine Verarbeitungshinweise

Mehl

Für die Kantonsbrotsorten kommen Ruch- oder Halbweissmehl, in Ausnahmefällen Weiss- oder Roggenmehl und Roggenschrot in Frage.

Teigbearbeitung und Teigtemperatur

Kleberarme und kleberschwache Mehle weniger intensiv, zeitlich ausgedehnter, also schonender kneten. Bei der indirekten Führung darauf achten, dass auch der Hebel genügend lange geknetet wird. Kleberreiche und kleberstarke Mehle erfordern eine intensive Knetung.

Die Knetzeit wie auch die Schüttwassertemperatur sind auf den eingesetzten Maschinentyp abzustimmen. Damit wird die für die Teigentwicklung und den Gärverlauf günstigste Teigtemperatur erzielt.

Triebführung

Bei der Herstellung von Grossbrot kommen entweder die indirekte Triebführung mit Hebel oder eine direkte Führung in Frage.

Teigbehandlung

Bei schwachen Mehlen wirkt sich das ein- bis zweimalige Aufziehen meist günstig aus, jedoch drängt sich bei starken Mehlen ein Aufziehen nur noch bei sehr weichen Teigen auf. Sie werden dadurch standfester und trockener.

Gärverlauf

Grundsätzlich ist eine ausreichende Stockgare für die Brotaromabildung von grosser Bedeutung, während die dem Aufarbeiten folgende Stückgare eher kurz zu bemessen ist. Sie beträgt je nach Brotsorte, Mehltyp und Teigfestigkeit 20 bis 30 Minuten. Backmittel wie beispielsweise Levit, von der Fachschule Richemont entwickelt, bringen zusätzlichen Brotgeschmack. Zudem stellen sie bei richtiger Dosierung einen wirksamen Schutz gegen die Brotkrankheit dar.

Aufarbeiten

Beim Fassonieren ist ganz speziell auf die gleichmässige Spannung im Teigstück zu achten. Die aufgewirkten Teigbrote sind je nach Brotsorte direkt auf die Einschiessapparate abzusetzen oder einzutücheln. Das Aufarbeiten für jede Brotsorte ist beim jeweiligen Bild erklärt.

Backen

Dem Backen kommt eine eminente Bedeutung zu. Die wichtigsten Merkmale beim Backen sind:

- die der Brotsorte entsprechende richtige Ofentemperatur
- das Erkennen der optimalen Stückgare
- ein korrektes Schneiden für gewisse Sorten
- das wohldosierte Dämpfen und das frühzeitige Abziehen des Dampfes
- das sorgfältige Ausbacken.

Rezepte

für die Kantonsbrote Aargau, Appenzell Inner- und Ausserrhoden, Bern, Genf, Glarus, Jura, Luzern, Neuenburg, Nidwalden, Obwalden, St. Gallen, Schaffhausen, Schwyz, Thurgau, Zug, Uri, Waadt und Zürich.

Direkte kurze Triebführung (Rezept für mittelfesten Teig)

	Ruchbrot	Halbweissbrot
Wasser	10,000 kg	10,000 kg
Hefe	0,400 kg	0,400 kg
Levit	0,200 kg	0,200 kg
Salz	0,350 kg	0,400 kg
Mehl	ca. 14,000 kg	ca. 15,000 kg

Den Teig gut kneten. Teigtemperatur 22 bis 25°C. Stockgare 60 bis 75 Minuten.

Direkte lange Triebführung (Rezept für mittelfesten Teig)

	Ruchbrot	Halbweissbrot
Wasser	10,000 kg	10,000 kg
Hefe	0,150 kg	0,150 kg
Levit	0,100 kg	0,100 kg
Salz	0,350 kg	0,400 kg
Mehl	ca. 15,000 kg	ca. 16,000 kg

Den Teig schonend jedoch ausreichend lang bearbeiten. Teigtemperatur 16 bis 20°C. Gärdauer am Stock 6 bis 8 Stunden.

Indirekte Triebführung (Rezept für mittelfesten Teig)

Hebel	Ruchbrot	Halbweissbrot
Wasser	3,000 kg	3,000 kg
Hefe	0,050 kg	0,050 kg
Mehl	ca. 4,200 kg	ca. 4,500 kg

Teig	Ruchbrot	Halbweissbrot
Wasser	7,000 kg	7,000 kg
Hefe	0,320 kg	0,320 kg
Salz	0,350 kg	0,400 kg
Mehl	ca. 10,000 kg	ca. 11,000 kg

Den Hebel gut kneten. Teigtemperatur 16 bis 20°C. Gärdauer 6 bis 8 Stunden.
Anschliessend mit den restlichen Zutaten gut kneten. Teigtemperatur 22 bis 25°C. Gärdauer am Stock bis 60 Minuten.

Rezepte

für die Kantonsbrote Basel-Stadt, Basel-Land, Solothurn. Sie unterscheiden sich von den übrigen Rezepten durch die höhere Wasserbeigabe.

Wasseraufnahme

Brotsorte	Ruchbrot	Halbweissbrot
Baslerbrot	76 bis 85%	75 bis 82%
Solothurnerbrot	74 bis 82%	72 bis 80%

Teigbehandlung

Von grosser Bedeutung ist bei diesen weichen bis sehr weichen Teigen, dass sie im Verlauf der Stockgare mehrfach zusammengelegt oder aufgezogen werden, um deren Stelligkeit zu gewährleisten.

Aargauerbrot

Ursprünglich im Kanton Aargau heimisches, heute eher selten fabriziertes Brot.

Teig

Mittelfester Ruch- oder Halbweissbrotteig.

Aufarbeiten

Die Teigstücke von anfänglich runder in eine länglich-ovale Form wirken. Auf Tücher mit Schluss nach oben einziehen. Nach mittlerer Gare wenden, kräftig, leicht S-förmig schneiden und in nicht zu heissen Ofen einschiessen. Nach dem Ausbacken sofort mit heissem Wasser oder Stärkestreiche glänzen.

Baslerbrot

Es unterscheidet sich in mehrfacher Hinsicht von den übrigen kantonalen Sorten. Einmal durch den weichen Teig, aus dem es hergestellt wird und der daraus resultierenden grossen, unregelmässigen Porung, dann durch den speziellen, typischen Geschmack, hervorgerufen durch die Aromastoffe, die sich in der mehligen, knusprigen Kruste bilden.

Teig

10,000	kg	Wasser
0,500	kg	Hefe
0,200	kg	Levit
0,400	kg	Salz
11,500	kg	Halbweiss- oder Ruchmehl, ca.

Herstellung

Die Zutaten zu einem Teig verarbeiten. Teigtemperatur 20 bis 22°C, Stockgare 60 bis 90 Minuten. Während dieser Zeit zweimal leicht aufziehen. Dadurch wird der Teig stelliger.

Aufarbeiten

Die abgewogenen Teigstücke länglich-oval wirken und mit Schluss nach oben auf stark bestaubte Teigbretter absetzen.
Nach guter Gare die Stücke der Länge nach überlegen und jeweils zwei, stirnseitig leicht aneinandergeschoben, auf den Einschiessapparaten plazieren.
In sehr heissem, gedämpften Ofen einschiessen und bei offenem Zug kräftig ausbakken.

Bernerbrot

Die Herstellung des Bernerbrotes beschränkt sich nicht nur auf das eine Gebiet, es wird auch in vielen anderen Kantonen unter dem Sammelbegriff «Rundbrot» verkauft.

Teig

Mittelfester Ruch- oder Halbweissbrotteig.

Herstellung

Die länglich vorgewirkten Teigstücke zu rund-ovaler Form überlegen. Den Schluss gut ausziehen und in einem Zug über das Teigstück ziehen. In Tücher einspannen und nach eher junger Gare schneiden. Mit schräggeführter Klinge kräftig tief querschneiden. Dies ergibt einen prächtigen Ausriss und für das Bernerbrot typischen acht(8)ähnlichen Boden. Nach dem Backen mit heissem Wasser glänzen.

Bündner Roggenbrot

Der Roggenring stellt eine althergebrachte Gebäcksform dar, wie sie ab und zu noch heutzutage von Bergbauern gefertigt wird, um dann als Wochen- oder gar Monatsvorrat an Stangengestellen aufgehängt und gelagert zu werden.
Im südlich gelegenen Puschlav wird dieses Ringbrot Brasciadela genannt. Dabei wird vornehmlich helles Roggenmehl sowie als Gewürz Anis eingesetzt.
Für Roggenringe müssen mindestens zwei Drittel des Mehlquantums aus Roggenmehl bestehen. Für das restliche Drittel können, zur Verbesserung der Backfähigkeit, Weizenmehle verwendet werden.

Rezept

Direkter Teig

3,000 kg Wasser
0,150 kg Hefe
0,150 kg Levit
0,100 kg Salz
3,600 kg Roggenmehl, hell
0,900 kg Ruchmehl

Indirekte Teigführung

Hebel

1,000 kg Wasser
0,050 kg Sauerteig-Satz
1,500 kg Roggenmehl, hell

Teig

2,500 kg Hebel
2,000 kg Wasser
0,150 kg Hefe
0,100 kg Salz
2,000 kg Roggenmehl, hell
1,000 kg Ruchmehl

Herstellung

Gärdauer für den Hebel 6 bis 8 Stunden.
Knetzeit 5 bis 6 Minuten.
Gärdauer am Stock 40 bis 50 Minuten.

Aufarbeiten

Teigstücke von 600 g abwägen, leicht rundwirken, dann schonend auf 40 bis 45 cm länglich wirken, und die beiden Enden miteinander verbinden. Auf mit Roggenmehl bestaubte Läden mit Schluss nach oben absetzen. Gärdauer zirka 20 Minuten. Vor dem Einschiessen mit einer Klinge dreimal einschneiden und mit Dampf einschiessen.
Nach einigen Minuten Dampf abziehen. Backdauer 40 bis 45 Minuten.

Freiburgerbrot

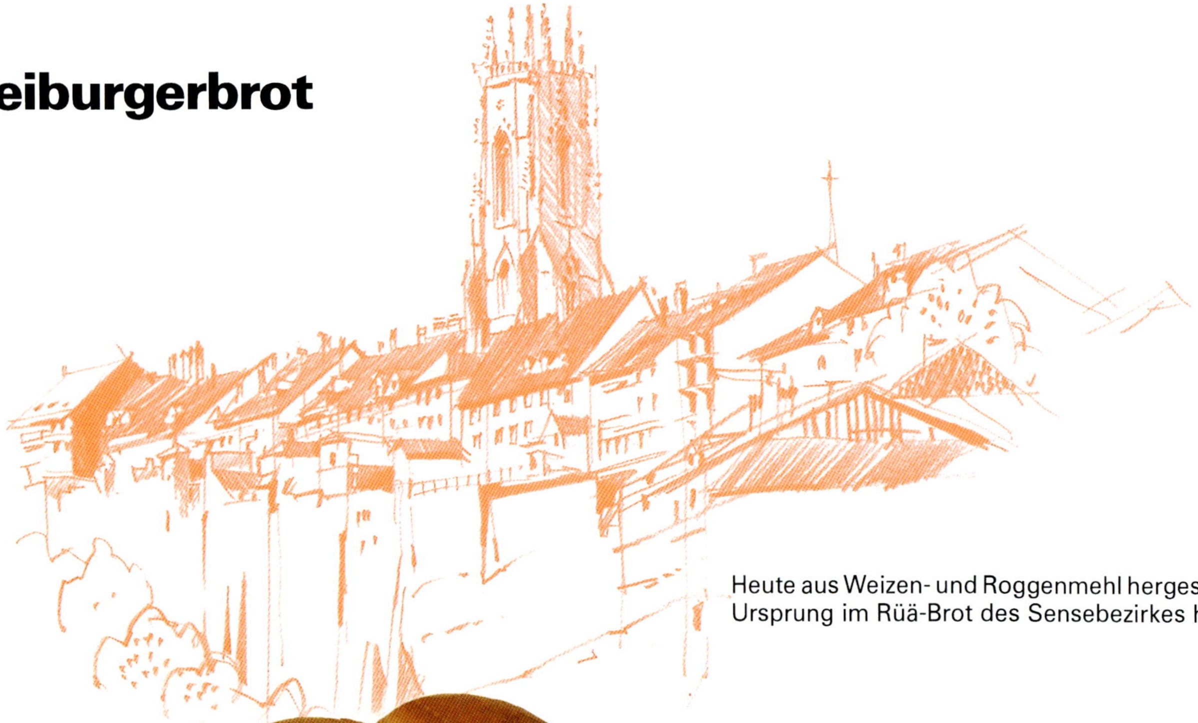

Heute aus Weizen- und Roggenmehl hergestellte Brotsorte, die ihren Ursprung im Rüä-Brot des Sensebezirkes hat.

Teig

Mittelfester Teig aus je $1/3$ Ruchmehl, Halbweissmehl und hellem Roggenmehl.

Herstellung

Die Teigstücke rundwirken und auf Tücher absetzen. Nach halber Gare leicht flach drücken und mit einem Stab quadratisch markieren. Nach nochmaliger Gare in mittelwarmem Ofen backen.

Genferbrot

Genferbrote haben eine extrem flache Gebäcksform. Gut ausgebakken erhalten sie dank des geringen Krumenanteils eine dem Pariserbrot ähnliche Krustenstruktur.

Teig

Mittelfester Halbweissbrotteig.

Herstellung

Die rund gewirkten Teigstücke mit Mehl bestauben, flachdrücken und nach kurzer Abstehzeit mit dem Rollholz gleichmässig ausrollen. Nach guter Gare die ganze Oberfläche rautenförmig einschneiden. In mittelwarmem Ofen kräftig ausbacken.

Glarnerbrot

Die Verbreitung dieses Brottyps beschränkt sich weitgehend auf das Kantonsgebiet. Die Glarner Bevölkerung schätzt dieses lang-ovale Brot mit dem grossen Ausriss vor allem dank seinem relativ grossen Krustenanteil.

Teig

Mittelfester Ruch- oder Halbweissbrotteig.

Herstellung

Die Teigstücke zu länglichen Wecken aufarbeiten und mit Schluss nach oben auf Tücher absetzen. Vor dem Einschiessen in der Längsrichtung tief einschneiden.
In mittelwarmem Ofen backen und sofort mit heissem Wasser bestreichen.

Jurabrot

Zur Gründung des Kantons Jura kreierten die Bäckermeister ein neues, dekorativ wirkendes Kantonsbrot. Das Jurabrot weist von der Form her gewisse Gemeinsamkeiten auf mit denjenigen aus Genf, dem Waadtländer Carrelé und dem Walliser Roggenbrot. Das leicht gewölbte Jurabrot zeichnet sich vor allem durch eine feine und rösche Kruste aus.

Teig

Mittelfester Ruch- oder Halbweissbrotteig.

Herstellung

Die rund gewirkten Teigstücke auf Tücher absetzen und nach kurzer Ruhezeit leicht flach drücken. Nach halber Gare die Konturen des Jurawappens einkerben und mit wenig Mehl bestauben.
In mittelwarmem Ofen backen.

Luzernerbrot

Die echten Luzernerbrote, im eigenen Kanton Weggen genannt, werden original mit Sauerteig gelockert. Als zusätzliche Besonderheit wird das Brot in altüberlieferter Weise nicht dem Gewicht entsprechend verkauft, sondern als «Ganzes», was einem 2-kg-Laib, als «Halbes», was einem 1-kg-Laib und als «Vierteli», was einem 500-g-Stück gleichbedeutend ist.
Luzernerbrote werden sowohl mit mehliger wie auch mit glänzender Oberfläche angeboten.

Rezept mit Sauerteig

Hebel

3,000 kg Wasser
0,500 kg Sauerteig-Satz
4,500 kg Ruchmehl

Gärdauer: bei 26 bis 28° C
6 bis 8 Stunden.

Teig

8,000 kg Hebel
7,000 kg Wasser
0,300 kg Salz
10,000 kg Ruchmehl

Herstellung

Die Zutaten zu einem Teig verarbeiten.
Teigtemperatur 26 bis 28° C.
Stockgare 60 bis 90 Minuten.

Aufarbeiten

Die Teigstücke länglich-oval wirken und auf Tücher absetzen. Nach halber Gare der Länge nach einmal abdrücken. In ziemlich heissem Ofen dunkelbraun ausbacken.

Neuenburgerbrot

Als Doppellaib gebacken, kommt Neuenburgerbrot jedoch in zwei Einzelbrote getrennt mit einseitig krustenlosem Anschluss in den Verkauf.

Teig

Eher weicher Halbweissbrotteig.

Herstellung

Die Teigstücke vorerst leicht und nach kurzer Abstehzeit straff rund aufwirken. Zwei Teile mit Schluss nach unten aneinander auf Tücher absetzen und zugedeckt gären lassen. Nach guter Gare die Brote in mittelwarmem Ofen backen. Mit heissem Wasser glänzen.

Nidwaldnerbrot

Obwohl die beiden Halbkantone Ob- und Nidwalden nebeneinander liegen, ist die Brotform doch grundverschieden.

Teig

Mittelfester Ruch- oder Halbweissbrotteig.

Herstellung

Die Teigstücke zuerst leicht, dann satt rundwirken und auf Tücher absetzen. Nach mittlerer Gare mit senkrechter Klingenführung tief einschneiden. Dies gibt dem Brot die typische breitovale Form. In mittelwarmen Ofen einschiessen und nach dem Backen mit heissem Wasser bestreichen.

Obwaldnerbrot

Das Brot soll eine der volkstümlichen Bezeichnung «Steckenbrot» entsprechende gestreckte, lange Rugelform aufweisen. Die glatte Kruste und der beidseitige Anschuss sind typisch für das Obwaldnerbrot.

Teig

Eher weicher Ruch- oder Halbweissbrotteig.

Herstellung

Die Teigstücke länglich vorwirken, dann regelmässig satt auf zirka 50 cm verlängern und je zwei mit Stirnseite aneinander absetzen. Zugedeckt stehen lassen und nach sehr guter Gare in mittelwarmem Ofen backen. Mit heissem Wasser glänzen.

Schaffhauserbrot

Dieses aus zwei runden, aneinandergeschobenen Teilen bestehende Brot wird oft auch als Kommissbrot bezeichnet. Der Namenbegriff weist auf eine frühere Militärbrotform im benachbarten Deutschland hin. Auch in der Schweiz wurde vor Jahren, als das Formenbrot in der Armee noch unbekannt war, für die Militärverpflegung die erwähnte Schaffhauser Form oder das Bernerbrot gebacken.

Teig

Mittelfester Ruch- oder Halbweissbrotteig.

Herstellung

Die Teigstücke zuerst leicht, dann satt rundwirken. Zwei Teile mit Schluss nach oben auf Tücher absetzen. Nach sehr guter Gare in mittelwarmen Ofen einschiessen. Nach dem Backen mit heissem Wasser glänzen.

Solothurnerbrot

Dem Baslerbrot sehr ähnlich, kann Solothurnerbrot aus demselben Teig hergestellt werden. Es werden jedoch Einzelstücke hergestellt, welche während des Backprozesses seitlich auskropfen sollen. Die Kropfbildung, bei vielen Konsumenten sehr geschätzt, wird bewusst durch das Einschiessen in eher jungem Gärzustand erreicht.

Teig

Weicher Ruch- oder Halbweissbrotteig.

Herstellung

Den Teig sorgfältig ausbrechen und auf stark bestaubte Bretter absetzen. Nach junger Gare die Teigstücke leicht überlegen und ohne Schnitt in heissen Ofen einschiessen.

St.-Galler-, Appenzeller- und Thurgauerbrot

Das St.-Galler-Brot weist eine eigenwillige und sicher einzigartige Brotform auf, die vom Bäcker viel handwerkliches Geschick und Routine verlangt.
St.-Galler-Brote sollen auf der Vorderseite schön ausreissen und darüber eine «Nase» aufweisen. Sie werden sofort nach dem Ausbacken geglänzt.
Liebhaber einer satten Krume und prächtiger Kruste kommen mit St.-Galler-Brot voll auf ihre Rechnung.

Appenzeller- und Thurgauerbrote sind praktisch in jeder Hinsicht, von der Teigherstellung bis zum Ausbacken, identisch mit dem St.-Galler-Brot. In beiden vorwiegend ländlichen Kantonen mit eher grösseren Familien werden demzufolge auch gewichtigere, bis fünf Pfund schwere Laibe angefertigt, welche speziell hohe Backherde erfordern.

Teig

Mittelfester Ruch- oder Halbweissbrotteig.

Aufarbeiten

Leicht rund vorgewirkte Teigstücke auf Teigbretter legen. Nach mittlerer Gare die Stücke, gemäss Skizzen, zur typischen, kunstvoll gewirkten St.-Galler-Form aufarbeiten. Zwei oder mehrere Stücke aneinander auf Einschiessapparate legen und mit dem Messer direkt unter dem Mittelteil, der sogenannten «Nase», kräftig horizontal einschneiden. Die beim Fassonieren entstandenen Blasen durch Stupfen entfernen. Nach dem Backen sofort mit Wasser glänzen.

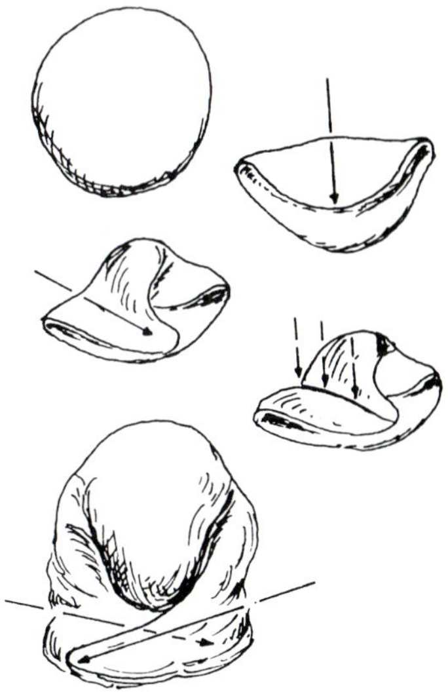

Schwyzer- und Zugerbrot (Kopfbrot)

Der Verbreitungsgrad dieses eigenartig geformten Brotes ist interkantonal, erstreckt es sich doch bis in die Zürichseegegend. Im Kanton Schwyz hat das Kopfbrot sogar noch an der Fasnacht seine Bedeutung. Der «Blätz» (Blätzlibajass) hat an seinem Besenstiel einige Kopfbrote aufgespiesst, die er dann stückweise verteilt. Es handelt sich um einen uralten Brauch, der auf einen Fruchbarkeitszauber der Frühlingszeit hindeutet.

Teig

Mittelfester Ruch- oder Halbweissbrotteig.

Herstellung

Die Teigstücke zuerst leicht rund, anschliessend länglich straff wirken. Nach 2/3 der Gärzeit ein Viertel der Länge abdrücken und diesen Kopfteil unter den Laib legen, weiter gären lassen, dann mit Schluss nach unten und Kopf oben in mittelwarmen Ofen einschiessen. Nach dem Backen mit heissem Wasser glänzen.

Urnerbrot

Im Urkanton wird dieses Brot «Halberli» genannt, denn es ist aus zwei gleichschweren Stücken zusammengesetzt. Die Urnerbrote entwickeln während des Backprozesses an der Kontaktstelle einen kleinen schönen Ausriss sowie dank kräftigem Ausbacken eine rösche Kruste.

Teig

Mittelfester Ruch- oder Halbweissbrotteig.

Herstellung

Die Teigstücke rund aufwirken und auf Tücher absetzen. Nach guter Gare je zwei Teile, schwach aneinandergelehnt, leicht aufgestellt in einen mittelwarmen Ofen einschiessen und backen.

1971
VITI
RIETE
DEL TICINO

Tessinerbrot

Original müsste das Tessinerbrot aus Halbweissmehl und ohne Ölzusatz hergestellt werden. Die mit den aufgeführten Rezeptangaben hergestellten Brote sind jedoch sehr beliebt und gesamtschweizerisch verbreitet. Eigentlich nur im Tessin bekannt ist das Pane reale (Königsbrot), welches ausschliesslich aus Weissmehl und stets mit Ölzusatz zubereitet wird.

Teig

3,000 kg Wasser
0,240 kg Hefe
0,150 kg Levit
0,060 kg Malz
0,120 kg Salz
0,300 kg Öl
6,000 bis
6,600 kg Weissmehl

Herstellung

Die Zutaten zu einem Teig verarbeiten, das Öl erst am Schluss beigeben. Teigtemperatur ca. 22°C. Anschliessend 30 bis 40 Minuten auf Gare stellen.

Aufarbeiten

Stücke von beliebiger Grösse (60 bis 100 g) zuerst rund aufwirken, dann leicht länglich fassonieren. Je sechs Stück aneinander auf ein Tuch absetzen und nochmals auf Gare stellen. Nach Erreichen einer guten Stückgare in der Mitte durchschneiden und in einem mittelwarmen Ofen backen. Tessinerbrot soll möglichst gut und rösch aber hell ausgebakken werden.

PROPRIÉTÉ DE LA VILLE DE LA
DEZALE
CLOS
DES ABBAYES

Waadtländer Kreuzbrot

Die Waadt glänzt im schweizerischen Sortiment mit mehreren Brotformen. Das Kreuzbrot ist wohl das bekannteste.

Teig

Eher weicher Halbweissbrotteig.

Herstellung

Die abgewogenen Teigstücke mässig straff rundwirken, sofort in Mehl wenden und mit Schluss nach unten auf gestaubte Läden legen. Nach halber Stückgare mit dem Rollholz übers Kreuz gut drükken und mit Schluss nach oben in entsprechende Körbchen legen oder in Tücher aufziehen. Bei sehr guter Gare die Stücke auf Einschiessapparate wenden und in gut warmen Ofen einschiessen. Nach dem Aufziehen bei offenem Zug kräftig-rösch ausbacken.

Walliser Roggenbrot

Dieses rustikale, geschmacklich sehr kräftige Brot eignet sich, in sehr dünne Scheiben geschnitten, hervorragend zu Käse-, Trockenfleisch- und Wurst-Spezialitäten.
Original wird das Walliserbrot mit Sauerteig gelockert.
Es hält sich daher über mehrere Tage frisch, mit Hefe dagegen etwas weniger lang.

Rezept mit Sauerteig

Hebel

1,000 kg Wasser
0,050 kg Sauerteig-Satz
1,300 kg Roggenschrot, fein

Teig

2,200 kg Hebel
2,000 kg Wasser
0,100 kg Salz
2,800 kg Roggenschrot, fein

Herstellung

Den Hebel mit den übrigen Zutaten zu einem gutgekneteten Teig verarbeiten. Die Stockgare beträgt 40 bis 60 Minuten.

Aufarbeiten

Den Teig in die gewünschten Gewichtsgrössen abwägen und rundwirken. Stücke allseits im Roggenmehl drehen, mit Schluss nach unten auf gestaubte Teigläden absetzen, etwas flachdrücken und auf Gare stellen. Die richtige Stückgare zeigt sich an gleichmässigen Rissen, welche an der Oberfläche entstehen. Die Brote in nicht zu warmem Ofen gut ausbacken.

Zürcherbrot

Das Zürcherbrot, zumeist Langbrot genannt, ist dank seiner praktischen Form, aus der sich gleichmässige Stücke schneiden lassen, die weitverbreitetste Brotform der Schweiz. Zweckgerichtet für Gastwirtschaftsbetriebe wird ein weiter verlängerter Typ hergestellt, Wirtschafts- oder Stangenbrot genannt.

Teig

Mittelfester Ruch- oder Halbweissbrotteig.

Aufarbeiten

Die Stücke zuerst leicht rund, anschliessend straff länglich wirken und auf Tücher mit Schluss nach oben einziehen oder direkt auf Einschiessapparate absetzen. Nach guter Gare die Teigbrote drei- bis fünfmal mit flachgeführter Klinge schräg schneiden. Nach dem Ausbacken sofort mit Wasser glänzen.

Spezialbrote

Spezialbrote

Spezielle Verarbeitungshinweise

Im Gegensatz zur Herstellung von Grossbrot aus Ruch- oder Halbweissmehl sowie einigen wenigen Zutaten, kommen bei Spezialbroten zahlreiche weitere Mehle und andere Rohstoffe hinzu.
Der Fachmann hat dementsprechend zusätzliche Einflussfaktoren zu berücksichtigen, die sich im Bereiche der Teigbearbeitung, der Triebführung, dem Aufarbeiten und Backen, mehr oder weniger stark auswirken können.
Obwohl bei Spezialbroten beachtliche, rezeptmässige Unterschiede innerhalb der Gruppen bestehen, sind ihnen im Rahmen der Verarbeitung aufgrund ihrer Hauptrohstoffanteile gewisse Gemeinsamkeiten eigen.

Vollkornbrote

Den zumeist in mittlerer bis grober Granulation vorliegenden Schrotmehlen soll im Verlauf des Knetvorganges ausreichend Zeit zur Wasseraufnahme, d.h. Quellung der einzelnen Schrotteilchen und Kleberentwicklung, einberaumt werden.
Vollkornteige erfordern daher eine sehr gute, zeitlich ausgedehnte, schonende Teigbearbeitung in den unteren Drehzahlbereichen.
Obwohl grossenteils in Formen gebacken, ist ein optimales Kneten mit nachfolgender kühler Triebführung für die Standfestigkeit des Teiges, die Elastizität und Schnittfestigkeit der Krume von besonderer Bedeutung. Regelmässiges, sattes Wirken ist auch bei Formenbroten unerlässlich. Vollkornbrote werden bei guter Gare im gut gedämpften, mittelwarmen Ofen gebacken. Nach mindestens halber Backzeit werden die Brote vorteilhaft ausgeformt und zur regelmässigen, auch seitlichen Krustenbildung bei geöffnetem Zug fertig gebacken.

Brote aus Weiss- und Halbweissmehl

Teige aus hellen Mehlen erfordern aufgrund ihrer höheren Glutenmenge und der stärkeren Glutenqualität eine intensivere Bearbeitung.
Eine kühle, eher kurze Triebführung ist für die meisten Sorten dieser Gruppe empfehlenswert. Beim Pariserbrot ist jedoch die Stockgare bei entsprechender Hefereduktion deutlich zu verlängern, um die gewünschte kurze Krumenstruktur zu erreichen. Beim Wirken ist hier ganz speziell der Charakteristik dieser Brote Rechnung zu tragen. Während Pariserbrot-Typen und Bürlibrot nur sehr locker und ohne zu forcieren aufgearbeitet werden, ist bei Toast- und Schiltbrot ein sattes, straffes Wirken typisch.
Diese Unterschiede sind auch beim Backen zu berücksichtigen. Die in der West- und Südschweiz bevorzugten Brote sind wegen ihrem grossen Anteil an heller, aber röscher Kruste beliebt.
Dagegen erhält das Bürlibrot im sehr heissen Ofen eine dunkle, kräftige und rösche Kruste.

Brote aus verschiedenen Mehlen und Beigaben

Die in dieser Gruppe vorwiegend aus dunklen Mehlen zusammengestellten Rezepturen können hinsichtlich Verarbeitung kaum auf einen Nenner gebracht werden.
Sie weisen aufbaumässig die grösste Vielfalt auf, wurden doch bei ihrer Entwicklung vornehmlich ernährungsphysiologische Aspekte berücksichtigt. Deshalb sind die sortenspezifischen Besonderheiten vom Knetprozess bis zum Backen direkt bei den Rezeptangaben aufgeführt.

Roggenbrot

Unter Berücksichtigung der besonderen Verarbeitungseigenschaften von Roggenmehlen muss durch sorgfältiges Vorgehen, speziell beim Kneten, Rechnung getragen werden. Roggenteige neigen bei starker Bearbeitung zum Schmierigwerden, sie müssen daher schonend bearbeitet werden, bis sie sich leicht von der Kesselwand lösen.
Da eine ausreichende Säuerung bei Roggenteigen unerlässlich ist, wird praktisch nur die indirekte Triebführung angewendet.
Die Teigtemperatur muss hier etwa 4 bis 6°C höher eingehalten werden, als dies bei den bisher aufgezeigten Spezialbroten der Fall war.
Die Hebel, aus führungstechnischen Gründen kalt, würden sonst die Gärentwicklung ungünstig beeinflussen.
Die Stockgare soll nicht übermässig ausgedehnt werden, da die angestrebte, milde Säuerung ansonst für eine genügende Teigstabilität unzureichend ist. Die grundsätzlich geringere Gärtoleranz der Roggenteige bedingt eine optimale Anpassung der Stückgare.
Roggenbrote sind in mittel- bis gut warmen Ofen mit Dampf einzuschiessen. Nach der Gebäcksentwicklung ist der Dampf abzuziehen und die Brote sehr gut auszubacken.

Brote aus Vollkornmehl

Fünfkornbrot

(fein und grob)

Teig

3000 g Wasser
250 g Hefe
120 g Levit
90 g Salz
3800 g Fünfkornmehl, fein
oder
3900 g Fünfkornmehl, grob

Teigtemperatur 22 bis 24° C.

Herstellung

Die Zutaten zu einem Teig kneten.
Stockgare max. 45 Minuten.

Aufarbeiten

Die Teigstücke zuerst rund und anschliessend länglich aufarbeiten. In gefetteten Formen 25 bis 30 Minuten gären lassen. Vor dem Einschiessen die Vollgare aufweisenden Brote mit Wasser besprühen. In nicht zu warmem Ofen zirka 40 Minuten gut backen, ausformen und weitere 15 bis 20 Minuten backen.

Vollkornbrot (Graham- oder Durobrot)

Hebel

1500 g Wasser
10 g Hefe
2000 g Vollkornmehl (Graham, Duro usw.)

Intensiv bearbeiten.

Hebeltemperatur 18 bis 20° C.
Gärdauer 4 Stunden.

Teig

1500 g Wasser
150 g Hefe
90 g Salz
2000 g Vollkornmehl

Teigtemperatur 26 bis 28° C.

Herstellung

Diese Zutaten mit dem Hebel zu einem Teig vermischen und sehr gut bearbeiten. Der Teig soll kompakt sein und eine lange Struktur aufweisen. Stockgare 60 Minuten.

Direkte Triebführung

Teig

3000 g Wasser
60 g Hefe
150 g Levit
15 g Malz
90 g Salz
3900 g Grahamschrot, fein oder Duromehl

Teigtemperatur 22 bis 24° C.

Herstellung

Die Zutaten zu einem sehr gut gekneteten Teig verarbeiten. Stockgare 180 Minuten.

Aufarbeiten

Die abgewogenen Teigstücke zuerst rund, anschliessend lang wirken und in gefettete Formen legen. Bei Vollgare in mittelwarmen, gut gedämpften Ofen einschiessen. Bei halber Backzeit die Brote aus der Form nehmen und bei offenem Zug gut ausbacken.

Grahambrot mit Backpulver

Hebel

3000 g Wasser
90 g Levit
30 g Malz
70 g Salz
3900 g Grahamschrot, fein

Zu einem sehr gut gekneteten Teig verarbeiten und 10 bis 12 Stunden kühlstellen.

Teig

7000 g Hebel
160 g Backpulver

beigeben, nochmals 3 bis 4 Minuten kneten und sofort aufarbeiten.

Aufarbeiten

Teigstücke von 400 g abwägen, schonend aufwirken und in gefettete Formen von 17 × 9 cm legen. Die Formen auf Bleche absetzen und mit einem zweiten Blech zudekken. Sofort in vorgedämpften, mittelwarmen Ofen einschiessen. Nach etwa 30 Minuten die Brote ausformen und bei offenem Zug rösch fertigbacken. Backzeit ca. 70 Minuten.

Pariserbrot

Teig

3000 g Wasser
60 g Hefe
60 g Levit
30 g Malz
100 g Salz
3200 g Weissmehl
1600 g Halbweissmehl

Teigtemperatur ca. 24° C.

Herstellung

Hefe, Levit und Malz im Wasser auflösen und mit dem Mehl zu einem Teig kneten. Gegen Schluss noch das Salz beifügen und den Teig fertig kneten.
Stockgare 2 bis 2½ Stunden.

Aufarbeiten

Teigstücke von 600 g abwägen und halblang wirken. Nach kurzer Liegezeit sorgfältig in lange, dünne Stangen von 70 cm aufarbeiten. Den Teig dabei nicht forcieren. Die Stücke mit Schluss nach unten auf Einschiessapparate absetzen und gären lassen.
Bei guter Gare mit der flachgehaltenen Klinge möglichst

schräg fünf- bis sechsmal schneiden.
In mittelwarmen Ofen mit Dampf einschiessen und bei offenem Zug ausbacken.

Parisette

Aufarbeiten

Teigstücke von 320 g abwägen und möglichst straff auf 30 cm Länge fassonieren. Mit Schluss nach oben auf Tücher absetzen und gut gären lassen. Vor dem Backen die Parisettes sorgfältig kehren und mit der flachgehaltenen Klinge dreimal möglichst schräg schneiden. In mittelwarmen Ofen mit viel Dampf einschiessen und bei offenem Zug ausbacken.

Ficelles

Aufarbeiten

Teigstücke von 400 g leicht rund vorwirken, anschliessend zu dünnen Teigstücken von 90 cm Länge fassonieren. Direkt auf Einschiessapparate absetzen und gut gären lassen. Vor dem Einschiessen mit scharfer Klinge kurze, aber mehrere Schnitte anbringen. In mittelwarmen, vorgedämpften Ofen einschiessen und bei offenem Zug hell und knusperig ausbacken.

Cornetti, Mailänderbrot, Ciampa Locarnese

Teig

3 000 g Wasser
180 g Hefe
100 g Levit
60 g Malz
150 g Salz
6 000 g Weissmehl, ca.
300 g Öl

Teigtemperatur 22 bis 24° C.

Herstellung

Hefe, Levit und Malz im Wasser auflösen und mit dem Mehl kneten. Bei Hälfte der Knetzeit das Öl, gegen Schluss das Salz beifügen und gut kneten.
Stockgare ca. 20 Minuten.

CORNETTI

Aufarbeiten

Die einzelnen Teile mit der Maschine auf 2,5 mm zu Bänder ausrollen und leicht mit Roggenmehl stauben. Von der Seite her satt einrollen und je zwei Stücke zu einem Cornetti zusammensetzen.

Direkt auf Bleche absetzen, mit Plastik zudecken und gären lassen. In mittelwarmen Ofen mit Dampf einschiessen und bei offenem Zug hell ausbacken. Cornetti nicht anstreichen. Sie sollen eine leicht mehlige, rösche, aber helle Kruste aufweisen.

MAILÄNDERBROT

Aufarbeiten

Stücke aus Cornetti-Teig abwägen und länglich wirken. Nach kurzer Ruhezeit zu länglichen Bändern ausrollen, dann von einer Seite her satt einrollen. Die Spiralen müssen dabei sichtbar bleiben. Die gerollten Stücke gut angären lassen und vor dem Backen an der Oberfläche der Länge nach tief einschneiden.
In mittelwarmen Ofen mit Dampf einschiessen und bei offenem Zug rösch, aber hell ausbacken.

CIAMPA LOCARNESE

Aufarbeiten

Stücke aus Cornetti-Teig direkt länglich wirken und kurz ruhen lassen. Mit der Maschine oder mit dem Rollholz der Länge nach zu langen, 2 bis 3 mm dicken Streifen ausrollen und leicht mit Roggenmehl stauben.
Die beiden Enden gegen die Mitte gleichmässig einrollen, bis sie einander berühren. Mit dem Rollholz in der Mitte quer abdrücken. Zwei Teile der einen Seite leicht auseinanderziehen und die beiden gegenüberliegenden Teile dazwischen legen. Auf Tücher oder direkt auf Einschiessapparate absetzen. Bei guter Gare wenden, in mittelwarmen Ofen mit Dampf einschiessen und bei offenem Zug rösch aber hell ausbacken.

Bürlibrot

Hebel
(Gärdauer 10 bis 12 Stunden)

1000 g Wasser
10 g Hefe
20 g Levit
1500 g Halbweissmehl

Teig

2500 g Hebel
2000 g Wasser
80 g Hefe
100 g Salz
2250 g Halbweissmehl

Teigtemperatur 22 bis 24° C.

Herstellung

Den Hebel mit den übrigen Zutaten sehr gut kneten. Während der Stockgare von 1 bis 2 Stunden zwei- bis dreimal zusammenlegen. Der Teig muss sehr weich und stellig sein.

Aufarbeiten

Teigstücke ausbrechen und auf bestaubte Läden legen. Nach guter Gare die Stücke leicht länglich überlegen, in heissen Ofen mit Dampf einschiessen und bei offenem Zug ausbacken.

Schiltbrot

Teig

3000 g Wasser
180 g Hefe
100 g Levit
60 g Malz
100 g Salz
5400 g Weissmehl

Teigtemperatur 22 bis 24° C.

Herstellung

Aus diesen Zutaten einen mittelfesten Teig herstellen. Stockgare 1½ bis 2 Stunden.

Aufarbeiten

Teigstücke von 100 bis 120 g abwägen, rundwirken, dann kurz ruhen lassen und anschliessend leicht konisch wirken. Je 4 Stück mit dem dickeren Teil im Roggenmehl tunken und zu einem Schilt aneinanderlegen. Mit Schluss nach oben auf Tücher absetzen und gut angären lassen. Vor dem Einschiessen wenden und in der Mitte etwas hochheben, damit sie besser reissen. In gut warmen Ofen mit Dampf einschiessen und bei offenem Zug ausbacken. Nach dem Backen mit heissem Wasser glänzen.

Toastbrot, Modelbrot

Teig

3000 g Wasser
250 g Hefe
150 g Levit
60 g Malz
120 g Salz
450 g Butter
5400 g Weissmehl

Teigtemperatur 22 bis 24°C.

Herstellung

Diese Zutaten zu einem Teig kneten. Nach 3/4 der Knetzeit die Butter und am Schluss noch das Salz beifügen. Nach dem Knetprozess sofort aufarbeiten.

TOASTBROT

Aufarbeiten

Die abgewogenen Teigstücke rund, dann der Form entsprechend lang aufarbeiten und in die gefetteten Formen einlegen. Die Formen schliessen und gären lassen. Nach Vollgare in mittelwarmem Ofen backen.
Nach dem Backen sofort auf Gitter stürzen.

MODELBROT

Aufarbeiten

Die Teigstücke aufarbeiten, in gefettete Cakesformen einlegen und gären lassen. Nach Dreiviertelgare mit Ei bestreichen und bei Vollgare in mittelwarmem Ofen backen.

Burebrot

Brote aus verschiedenen Mehlen und Beigaben

Teig

1500 g Wasser
1500 g Milch
250 g Hefe
150 g Levit
100 g Salz
2800 g Ruchmehl
1100 g Roggenmehl
oder
3900 g Bauernmehl

Teigtemperatur 22 bis 24°C.

Herstellung

Mit diesen Zutaten einen Teig von nicht zu fester Konsistenz herstellen.
Stockgare 70 bis 90 Minuten.

Aufarbeiten

Teigstücke abwägen und straff rund fassonieren. Diese mit Schluss nach oben auf einen mit Mehl bestaubten Laden legen und nach guter Gare kehren. Die mehlbestaubte Oberfläche kreuzweise schneiden. In gut heissen Ofen einschiessen. Nach dem Aufziehen in mittelwarmem Ofen umbacken. Das Bauernbrot muss eine kräftige «chrustige» Rinde aufweisen.

Rustico-Brot

Teig

3000 g Wasser, kalt
1100 g Grahamschrot
1100 g Roggenschrot, fein bis mittel

Zusammen mischen und 10 bis 12 Stunden stehen lassen.

200 g Hefe
150 g Levit
120 g Salz
2300 g Halbweissmehl

Teigtemperatur 22 bis 24°C.

Herstellung

Die Zutaten mit den eingeweichten Schrotmehlen sehr gut kneten.
Stockgare ca. 60 Minuten.

Aufarbeiten

Die Teigstücke zuerst leicht rund und anschliessend nochmals rund, aber straff aufwirken. Die Oberfläche mit Halbweiss- oder Roggenmehl gut bestauben, leicht flachdrücken und auf Läden absetzen. Nach Dreiviertel der Gare die Stücke mit dem 12er Tortenteiler bis auf den Boden durchdrücken und auf Einschiessapparate absetzen. Noch kurze Zeit gären lassen, den Mittelteil stupfen und in sehr gut vorgedämpften, mittelwarmen Ofen einschiessen. Nach dem Aufziehen die Brote bei geöffnetem Zug gut ausbacken.

Gupfbrot

Teig

3000 g Wasser
150 g Hefe
150 g Levit
450 g Magermilchpulver
120 g Salz
2700 g Halbweissmehl
1500 g Grahammehl
150 g Öl

Teigtemperatur 22 bis 24°C.

Herstellung

Hefe, Levit und Magermilchpulver im Wasser auflösen und mit den Mehlen gut kneten. Das Öl beifügen und am Schluss noch das Salz beimischen.
Stockgare 60 bis 90 Minuten.

Leinsamenbrot

Aufarbeiten

Stücke abwägen und rund aufwirken. Nach kurzer Ruhepause ein zweites Mal rundwirken. Die Oberfläche im Mehl drehen und mit Schluss nach unten auf Tücher absetzen. Nach einer Gärdauer von zirka 20 Minuten den Mittelteil mit einem Ring ganz durchdrücken. Nach einer weiteren Gare von 5 bis 10 Minuten den Mittelteil leicht stupfen, mit viel Dampf einschiessen und sehr gut ausbacken.

Teig

3000 g Wasser
150 g Hefe
120 g Levit
100 g Salz
1200 g Ruchmehl
1200 g Grahammehl
1200 g Roggenschrot
600 g Leinsamen

Teigtemperatur 22 bis 24° C.

Herstellung

Hefe und Levit im kalten Wasser auflösen und mit den Mehlen gut kneten. Nach Dreiviertel der Knetzeit das Salz und am Schluss die Leinsamen beigeben.
Stockgare 60 bis 75 Minuten.

Aufarbeiten

Die Teigstücke zuerst leicht rund, dann länglich wirken und in gestaubte Körbe einlegen oder auf Einschiessapparate absetzen. Nach sehr guter Gare die Stücke leicht stupfen und in gedämpften Ofen einschiessen. Bei eher mässiger Hitze und offenem Zug die Leinsamenbrote gut ausbacken.

Maisbrot

2 000 g Maisdunst
2 700 g Wasser, kochend heiss

Mischen und mindestens 12 Stunden stehen lassen.

Hebel
(10 bis 12 Stunden Gärdauer)

1 200 g Wasser
15 g Hefe
1 800 g Halbweissmehl

Teig

3 000 g Hebel
4 500 g Maisdunst
450 g Wasser
150 g Hefe
300 g Zucker
150 g Salz
150 g Butter
2 200 g Halbweissmehl
1 100 g Sultaninen

Teigtemperatur 22 bis 24° C.

Herstellung

Den Hebel mit der Hefe, dem Zucker und dem Mehl zu einem Teig verarbeiten. Nach 2/3 der Knetzeit den Maisdunst beifügen und intensiv weiter kneten. Nachher die Butter, das Salz und am Schluss noch die Sultaninen beifügen.
Stockgare ca. 60 Minuten.

Aufarbeiten

Teigstücke rund vorwirken, nach kurzer Ruhezeit nochmals straff rundwirken, auf gefettete Bleche absetzen und gären lassen. Vor dem Backen die Maisbrote kurz an der Kühle abstehen lassen, dann zweimal mit Ei bestreichen. Mit der Klinge schneiden und in milden Ofen ohne Dampf bei offenem Zug einschiessen.

Kartoffelbrot

Teig

3 000 g Wasser
250 g Hefe
150 g Levit
150 g Milchpulver
150 g Salz
2 250 g Halbweissmehl
2 250 g Ruchmehl
750 g Kartoffelstock

Teigtemperatur 22 bis 24° C.

Herstellung

Hefe, Levit und Milchpulver im Wasser auflösen und mit den Mehlen vorkneten. Nach 2 bis 3 Minuten den Kartoffelstock und am Schluss das Salz beigeben.
Stockgare ca. 60 Minuten.

Aufarbeiten

Teigstücke abwägen, leicht rund wirken und kurze Zeit ruhen lassen. Spindelförmig länglich wirken, die Oberfläche in Roggenmehl wenden und

Gerstenbrot

mit Schluss nach oben auf Tücher absetzen. Nach guter Gare diagonal einen Kreuzschnitt anbringen und in vorgedämpften nicht zu warmen Ofen einschiessen. Bei fallender Hitze und offenem Zug gut ausbacken.

Herstellung mit Kartoffelflocken

Werden anstelle von Kartoffelstock Kartoffelflocken verwendet, so muss noch Flüssigkeit zugefügt werden.
Für dieses Rezept 250 g Kartoffelflocken und zusätzlich 500 g Wasser.

Teig

3000 g Wasser
200 g Hefe
150 g Levit
100 g Salz
2000 g Gersten-Vollmehl
2000 g Ruchmehl

Teigtemperatur 22 bis 24° C.

Herstellung

Hefe und Levit im kalten Wasser auflösen und mit den zuvor gemischten Mehlen vorkneten. Nachher das Salz beigeben und den Teig weiter kneten.
Stockgare 60 Minuten.

Aufarbeiten

Teigstücke rundwirken und anschliessend flachrollen. Sofort mit Wasser bepinseln, in Gerstenmehl wenden und auf Einschiessapparate absetzen. Nach guter Gare die Stücke mit senkrecht geführter Klinge in der Mitte einmal kräftig schneiden. In mittelwarmen Ofen mit viel Dampf einschiessen und nach dem Aufziehen bei offenem Zug ausbacken.

Roggenschrotbrot

Hebel
(Gärdauer 4 bis 6 Stunden)

1 000 g Wasser
50 g Sauerteig-Satz
1 200 g Roggenschrot, fein

Zusammen mischen und sehr gut bearbeiten.
Hebeltemperatur 20 bis 22° C.

Teig

2 200 g Hebel
2 000 g Wasser
180 g Hefe
100 g Salz
1 800 g Roggenschrot
2 000 g Halbweissmehl

Teigtemperatur 26 bis 28° C.

Herstellung

Mit dem Hebel und den übrigen Zutaten einen mittelfesten Teig herstellen.
Stockgare ca. 60 Minuten.

Aufarbeiten

Den Körbchen entsprechende Stücke abwägen und zu Stangen aufwirken. Dabei vorsichtig vorgehen, damit möglichst keine Luftblasen zurückbleiben. Nach Erreichen der Vollgare die Brote in gut gedämpften, mittelwarmen Ofen einschiessen. Den Dampf nach einigen Minuten ablassen, um so das seitliche Ausreissen zu verhindern.

Römerbrot

Teig

3 000 g Wasser
150 g Hefe
150 g Levit
100 g Salz
1 500 g Grahammehl
3 000 g Halbweissmehl
300 g Haselnüsse, gehobelt

Teigtemperatur 22 bis 24° C.

Herstellung

Mit Ausnahme der Haselnüsse alle Zutaten zu einem sehr gut gekneteten Teig verarbeiten. Ein leichtes Anrösten der Haselnüsse verbessert den Geschmack des Brotes. Diese erst am Schluss dem Teig beifügen.
Stockgare ca. 60 Minuten.

Nussbrot

Aufarbeiten

Die Teigstücke rundwirken und 10 bis 20 Minuten liegen lassen. Anschliessend flachdrükken und nach kurzer Liegezeit mit dem Spezialstempel zweimal übers Kreuz gut abdrükken, damit acht gleiche Teile entstehen. Die Stückgare kurz halten, um eine schöne Zeichnung zu erreichen. Die Brote vor dem Einschiessen mit Wasser bestreichen und in mittelwarmem Ofen gut ausbacken.

Teig

2 000 g	Wasser
200 g	Hefe
40 g	Malz
100 g	Salz
200 g	Eigelb
400 g	Butter
500 g	Halbweissmehl
500 g	Ruchmehl
500 g	Roggenmehl, hell
500 g	Roggenschrot
1 000 g	Grahammehl
1 000 g	Baumnüsse, grob gehackt

Teigtemperatur 22 bis 24°C.

Herstellung

Hefe und Malz im Wasser auflösen und mit den Mehlen vorkneten. Das Salz mit dem Eigelb verrühren und beigeben. Bei Hälfte des Knetprozesses die Butter und am Schluss dem plastischen Teig die Baumnüsse beifügen. Stockgare ca. 60 Minuten.

Aufarbeiten

Die Teigstücke abwägen, leicht rund, dann straff länglich wirken. In gefettete Formen legen und gut gären lassen. Vor dem Backen die Oberfläche mit Ei bestreichen und mit der Klinge drei Längsschnitte anbringen. Die Stücke in vorgedämpften, milden Ofen einschiessen. Nach etwa 30 Minuten aus den Formen nehmen und bei offenem Zug fertig backen.

Weizenflockenbrot

Teig

3000 g Wasser
150 g Hefe
120 g Levit
120 g Salz
3500 g Ruchmehl
750 g Weizenflocken

Teigtemperatur 22 bis 24° C.

Herstellung

Hefe und Levit im kalten Wasser lösen und mit dem Ruchmehl kneten. Das Salz nach Dreiviertel und die Flocken am Schluss des Knetprozesses beifügen.
Stockgare 60 bis 70 Minuten.

Aufarbeiten

Die Teigstücke zuerst länglich formen, dann mit der Maschine $2\frac{1}{2}$ mm dicke Bänder ausrollen. Diese flachen Teigstücke wie Mailänderbrote satt aufrollen. Nach guter Gare in der Mitte der Länge nach tief einschneiden und in vorgedämpften Ofen einschiessen. Die Brote bei offenem Zug sehr gut ausbacken.

Haferflockenbrot

Teig

3000 g Wasser
200 g Hefe
100 g Levit
100 g Salz
3000 g Ruchmehl
1000 g Haferflocken

Teigtemperatur 22 bis 24° C.

Herstellung

Hefe und Levit im Wasser auflösen und mit dem Mehl gut kneten. Nach Dreiviertel der Knetzeit das Salz und am Schluss noch die Haferflocken beifügen.
Stockgare ca. 60 Minuten.

Aufarbeiten

Die Teigstücke zuerst rund, dann länglich wirken. Die Oberfläche mit Ei bestreichen und in Haferflocken wenden. Mit Schluss nach oben auf Tücher absetzen und einziehen. Nach sehr guter Gare die Stücke wenden, auf Einschiessapparate absetzen und in gut vorgedämpften, mittelwarmen Ofen einschiessen. Nach dem Aufziehen bei geöffnetem Zug gut ausbacken.

Kleiebrot

Teig

1 500 g Wasser
600 g Kleie, grob
mischen und 90 Minuten stehen lassen.

1 500 g Wasser
250 g Hefe
90 g Levit
90 g Salz
1 000 g Halbweissmehl
1 000 g Ruchmehl
1 000 g Grahammehl, fein

Herstellung

Die Zutaten zusammen mit der eingeweichten Kleie zu einem Teig kneten. Das Salz jedoch erst nach 3/4 der Knetzeit hinzufügen.
Stockgare 60 Minuten.

Aufarbeiten

Teigstücke abwägen und zuerst rund, dann länglich formen. Die Oberfläche mit Ei bestreichen, in Kleie wenden und auf Tücher oder direkt auf Einschiessapparate absetzen. Nach guter Gare die Brote leicht stupfen und in gut vorgedämpften, warmen Ofen einschiessen. Nach dem Aufziehen bei geöffnetem Zug ausbacken.

Sesambrot

Teig

3 000 g Wasser
250 g Hefe
150 g Levit
120 g Salz
300 g Öl
4 000 g Halbweissmehl
600 g Sesamsamen

Teigtemperatur 22 bis 24° C.

Herstellung

Hefe und Levit im kalten Wasser auflösen und mit dem Mehl gut kneten. Bei Hälfte der Knetzeit das Öl und am Schluss noch das Salz und die Sesamsamen beigeben.
Stockgare ca. 60 Minuten.

Aufarbeiten

Die Teigstücke zuerst leicht rund, dann länglich straff wirken. Mit Ei bestreichen, in Sesam wenden und auf Einschiessapparate absetzen. Nach sehr guter Gare leicht stupfen und mit Dampf in mittelwarmen Ofen einschiessen. Nach dem Aufziehen bei geöffnetem Zug hell, aber gut ausbacken.

Roggenbrot

Indirekte Triebführung

Hebel

1 000 g Wasser
50 g Sauerteig-Satz
1 500 g Roggenmehl, dunkel

Hebeltemperatur 26 bis 28° C.
Gärdauer 6 bis 8 Stunden.

Teig

2 500 g Hebel
2 000 g Wasser, 20° C
120 g Hefe
100 g Salz
2 000 g Roggenmehl, dunkel
1 100 g Ruchmehl

Teigtemperatur 26 bis 28° C.

Herstellung

Die Zutaten durch sorgfältiges Kneten zu einem Teig verarbeiten.
Stockgare 40 bis 60 Minuten.

Aufarbeiten

Die abgewogenen Teigstücke zuerst rund und dann länglich wirken. Auf mit Roggenmehl bestaubte Läden, mit Schluss nach oben, absetzen. Nach guter Gare mit Klinge stupfen und in gut gedämpften Ofen einschiessen. Nach einigen Minuten den Dampf ablassen und fertig backen.

Roggenbrot mit Sauerteig

Hebel
(Gärdauer 12 Stunden)

1 000 g Wasser
50 g Sauerteig-Satz
1 700 g Roggenmehl, dunkel

Hebeltemperatur 25 bis 28° C.

Teig

2 700 g Hebel
2 000 g Wasser, 20° C
200 g Hefe
100 g Salz
1 300 g Roggenmehl, dunkel
1 300 g Ruchmehl

Teigtemperatur 28 bis 30° C.

Herstellung

Den Hebel zuerst in der Flüssigkeit auflösen, dann mit dem Mehl zu einem plastischen Teig verarbeiten, jedoch nicht zu lange kneten.
Stockgare 30 bis 40 Minuten.

Aufarbeiten

Die Teigstücke sehr satt aufwirken und in Körbe oder auf Bretter absetzen. Vor dem Einschiessen den Mittelteil rautenförmig einschneiden und gut stupfen. Mit viel Dampf einschiessen, nach einigen Minuten Dampf ablassen und gut ausbacken.

Roggen-Kümmelbrot mit Sauerteig

Hebel
(Gärdauer 10 bis 12 Stunden)

1 000 g Wasser
100 g Sauerteig-Satz
1 700 g Roggenmehl, dunkel oder hell
100 g Kümmel

Teig

2 900 g Hebel
2 000 g Wasser, 20° C
200 g Hefe
100 g Salz
1 400 g Roggenmehl, dunkel oder hell
1 400 g Ruchmehl

Teigtemperatur 26 bis 28° C.

Herstellung

Den Hebel mit den übrigen Zutaten nur kurze Zeit kneten (im Schnellkneter 3 bis 4 Minuten, im Planetwerk 5 bis 6 Minuten)
Stockgare 50 bis 60 Minuten.

Aufarbeiten

Die Teigstücke rund vorwirken. Nach kurzer Ruhezeit nochmals satt aufdrehen, in Roggenmehl wenden und mit Schluss nach oben in Tücher einziehen oder in Spezialkörbchen legen. Die Stücke nach sehr guter Gare stupfen und mit Dampf in gut warmen Ofen einschiessen. Nach ca. 2 Minuten den Zug öffnen und gut ausbacken.

Früchtebrot

Teig

1 000 g Ruchbrotteig
1 000 g Vollkornmehl
700 g Wasser
100 g Hefe
100 g Zucker
20 g Salz
200 g Haselnüsse oder rohe Mandeln (ganz oder grob gehackt)
100 g Sultaninen
100 g Korinthen
100 g Zwetschgen, gedörrt (eingeweicht und entsteint)
100 g Apfelschnitze, gedörrt
100 g Orangeat/Zitronat

Herstellung

Mit Ausnahme der Kerne und Früchte aus diesen Zutaten einen Teig herstellen. Die Früchte zuletzt daruntermischen.
Stockgare 60 Minuten.

Aufarbeiten

Beliebig grosse Teigstücke zuerst rund und dann länglich wirken. In gefettete Cakesformen legen und mit Ei bestreichen. Nach guter Gare in mittelwarmem Ofen backen. Nach dem Ausbacken mit Stärke-Streiche oder mit heissem Sirup anstreichen.

Kleinbrote und Kleingebäcke

Kleinbrote

Semmel, Schlumbergerli, Glarner Brötli, Doppelsemmel, Pariserli

Teig

1 000 g Wasser
60 g Hefe
30 g Levit
20 g Malz
40 g Salz
1 800 g Weissmehl, evtl. 1/3 Halbweissmehl, 2/3 Weissmehl

Herstellung

Die Zutaten, mit Ausnahme des Salzes, kneten. Bei Hälfte der Knetzeit das Salz beifügen und zu einem plastischen Teig bearbeiten. Diesen ca. 60 Minuten zugedeckt gären lassen, ohne aufzuziehen.

Expressmethode:

Teig

1 000 g Wasser
125 g Hefe
30 g Levit
20 g Malz
40 g Salz
1 200 g Weissmehl
600 g Halbweissmehl

Herstellung

Die Zutaten, mit Ausnahme des Salzes, zu einem Teig kneten. Bei Hälfte der Knetzeit das Salz beifügen. Da für die Express-Semmel die Gärdauer auf ein Minimum reduziert wird, muss der Teig intensiv geknetet werden. Dies bedingt die Bearbeitung mit einem Planet- oder Intensivkneter. Den gekneteten Teig in Brüche abwägen, rund aufwirken und ca. 20 Minuten zugedeckt gären lassen.

SEMMEL

Die abgewogenen Brüche rund aufwirken. Die Semmel auf Tücher oder Einschiessapparate absetzen und mit Plastik decken. Nach Dreiviertelgare abdecken und kurze Zeit stehen lassen. Vor dem Einschiessen schräg über die Mitte schneiden, dadurch erhält man das typische «Rändchen» oder «Käppchen». Die Semmel in gut warmen, vorgedämpften Ofen einschiessen, nach 10 Minuten den Dampf ablassen, um eine rösche Kruste zu erhalten.

SCHLUMBERGERLI

Aus Semmelteig Brüche abwägen. Die Wirkplatten mit Öl bepinseln, die Brüche auflegen, abpressen und leicht rundwirken. Mit Schluss nach unten auf gut mit Mehl bestaubte Läden absetzen. Nach guter Gare die Schlumbergerli wenden und mit Schluss nach oben in gut warmen, vorgedämpften Ofen einschiessen. So reissen die Schlumbergerli schön aus. Um eine rösche Kruste zu erhalten, nach ca. 10 Minuten den Dampf ablassen.

GLARNER BRÖTLI

Aus Semmelteig Brüche abwägen, teilen und zuerst rundwirken. Anschliessend etwas länglich stossen und auf Tücher oder Einschiessapparate absetzen. Vor dem Backen die Brötli schräg über die Mitte schneiden. In gut warmen Ofen mit Dampf einschiessen und bei offenem Zug ausbacken.

DOPPELSEMMEL

Aus Semmelteig Brüche abwägen, teilen und rundwirken. Je zwei Semmel zusammenlegen, auf Tücher oder Einschiessapparate absetzen und auf Gare stellen. Vor dem Backen die beiden Brötchen der Länge nach, wie Semmel, schneiden. In gut warmen Ofen mit Dampf einschiessen und bei offenem Zug ausbacken.

PARISERLI

Aus Semmelteig Stücke von zirka 120 g abwägen, länglich aufarbeiten und mit Schluss nach oben auf Tücher oder Einschiessapparate absetzen. Die Pariserli bei noch junger Gare wenden und zweimal schneiden (Pariserschnitt).
In gut warmen Ofen einschiessen und bei offenem Zug ausbacken.

Burebrötchen

Teig

500 g Wasser
500 g Milch
75 g Hefe
50 g Levit
35 g Salz
1 300 g Bauernbrotmehl (70% Ruchmehl, 30% Roggenmehl)

Herstellung

Die Zutaten zu einem Teig verarbeiten. Den Teig kühl führen und sehr gut kneten. Gärdauer am Stock ca. 60 Minuten.

Aufarbeiten

Brüche in der Maschine teilen und rundwirken. Die Teigstücke mit Schluss nach oben auf mit Mehl bestaubte Läden absetzen und gären lassen. Bei mittlerer Gare die Stücke wenden, so dass der mehlbestaubte Teil nach oben zu liegen kommt. Vor dem Backen zweimal kreuzweise einschneiden und in vorgedämpften, gut warmen Ofen direkt auf den Herd einschiessen.
Die Burebrötchen müssen eine kräftige, rösche Kruste aufweisen.

Roggenbrötli

Teig

2 000 g Wasser
80 g Hefe
100 g Levit
60 g Salz
950 g Ruchmehl
1 850 g Roggenschrot, fein

Herstellung

Alle Zutaten miteinander mischen. Nach 2 bis 3 Minuten das Salz beifügen und kneten. Die Knetzeit beträgt je nach Knetmaschine 6 bis 8 Minuten. Stockgare 60 Minuten.

Aufarbeiten

Brüche abpressen und die Stücke rundwirken. Allseits im Roggenmehl drehen, mit Schluss nach unten direkt auf Einschiessapparate oder Teigtücher absetzen. Sofort etwas flachdrücken und ca. 60 Minuten auf Gare stellen. Die richtige Stückgare zeigt sich an gleichmässigen Rissen, welche an der Oberfläche entstehen. In gut warmen Ofen mit Dampf einschiessen. Nach dem Aufziehen bei geöffnetem Zug gut ausbacken.

Grahambrötchen

Direkte Triebführung

Teig

2000 g Wasser
40 g Hefe
100 g Levit
10 g Malz
60 g Salz
2700 g Grahamschrot, fein

Teigtemperatur 22 bis 24° C.
Stockgare 180 Minuten.

Indirekte Triebführung

Hebel

1500 g Wasser
10 g Hefe
2000 g Grahamschrot, fein

Teig
(Gärdauer 6 bis 8 Stunden)

500 g Wasser
60 g Hefe
10 g Malz
60 g Salz
800 g Grahamschrot, fein

Herstellung

Den Hebel mit den übrigen Zutaten zu einem sehr gut gekneteten Teig verarbeiten. Stockgare 90—120 Minuten.

Aufarbeiten

Brüche abpressen, die Stücke zuerst rund und anschliessend länglich wirken. Sehr gut gären lassen und in gut warmem Ofen mit Dampf backen. Nach dem Backen sofort mit Wasser oder einer Stärkelösung bestreichen.

St.-Galler-Bürli

Indirekte Triebführung

Hebel
(Gärdauer 3 bis 4 Stunden)

1 000 g Wasser
50 g Hefe
1 300 g Halbweissmehl

Teig

2 300 g Hebel
2 000 g Wasser
50 g Hefe
2 200 g Halbweissmehl
90 g Salz

Herstellung

Den Hebel mit dem Wasser aufgreifen und mit den übrigen Zutaten zu einem Teig kneten.

Der Teig soll sehr weich, aber trocken und stellig sein. Gärzeit 1 bis 1½ Stunden, dazwischen dreimal aufziehen.

Aufarbeiten

Vom reifen, plastischen Teig direkt aus der Mulde von Hand runde Teigstücke brechen. Die Teigstücke nicht wirken, sondern nur leicht zusammennehmen und je zwei oder vier auf gestaubte Läden absetzen. Nach guter Gare in ziemlich heissen Ofen mit viel Dampf einschiessen. Nach dem Aufziehen den Zug leicht öffnen. Die Bürli sollen gut ausgebakken sein und eine mehlige, ziemlich dicke Kruste aufweisen.

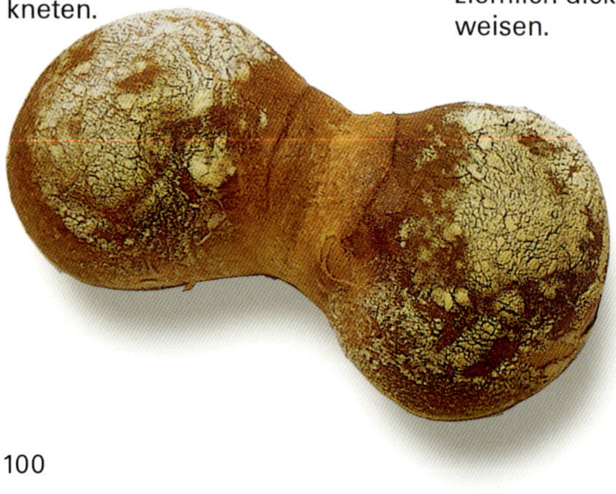

Salzweggen

Hebel
(Gärdauer 60 Minuten)

500 g Wasser
30 g Hefe
800 g Weissmehl

Teig

1 300 g Hebel
500 g Wasser
50 g Hefe
20 g Malz
40 g Salz
1 100 g Weissmehl

Anstelle eines Hebels kann auch ein direkter Teig hergestellt werden.

Herstellung

Wie Semmelteig.

Aufarbeiten

Teigstücke von ca. 60 g zuerst rundwirken. Diese nach kurzer Ruhezeit rundum platt drükken, so dass in der Mitte eine Erhöhung entsteht. Dann den Rand ca. 2 cm breit, in gleichmässigen Teilen acht- bis zehnmal einwärts einschlagen. Die Salzweggen zum Gären mit der fassonierten Seite nach unten auf Tücher absetzen. Vor dem Backen wenden, mit Ei bestreichen und mit Kümmel und Salz bestreuen. In vorgedämpften, gut warmen Ofen einschiessen und bei offenem Zug gut ausbacken.

Mohnbrötchen, Mohnrosen, Mohnweggli, Pragerspitzel

Teig

1 000 g Wasser
80 g Hefe
30 g Levit
20 g Malz
40 g Salz
1 850 g Weissmehl

Zur Verfeinerung des Teiges kann diesem noch 1 dl Öl beigegeben oder anstelle von Wasser Milch verwendet werden.

Herstellung

Wie Semmelteig.

MOHNBRÖTCHEN

Brüche abwägen und ca. 20 Minuten gären lassen. Abpressen, rundwirken, dann die Oberfläche mit Ei bestreichen, in Mohnsamen wenden, auf Tücher absetzen und gären lassen. Kurz vor Vollgare die Mohnbrötchen kurze Zeit an der Kühle abstehen lassen. Mit der Schere zuerst oben waagrecht viermal einschneiden, wodurch vier Spitzen entstehen. Dann seitlich ringsum ebenfalls viermal einschneiden. In vorgedämpften, gut warmen Ofen einschiessen und bei offenem Zug ausbacken.

MOHNROSEN

Die Teigstücke nach dem Rundwirken kurze Zeit angären lassen, leicht mit Roggenmehl stauben und mit dem Kaisersemmelstempel abdrücken. Mit Ei bestreichen, in Mohn tunken und gut gären lassen. In vorgedämpften, gut warmen Ofen einschiessen und ausbacken.

MOHNWEGGLI

Die Teigstücke rund aufwirken und anschliessend halblang aufarbeiten. Mit Ei bestreichen, sodann in Mohn wenden und auf Tücher absetzen. Nach Dreiviertelgare kurze Zeit an der Kühle abstehen lassen, dann mit einer scharfen Klinge einschneiden. In vorgedämpften, gut warmen Ofen einschiessen und bei offenem Zug ausbacken.

PRAGERSPITZEL

Die Teigstücke rundwirken und nach kurzer Liegezeit oval ausrollen und anschliessend Gipfel rollen. Die gerollten Stücke mit Ei bestreichen und in Mohnsamen tunken. Auf Bleche absetzen und maximal gären lassen, damit sie beim Backen nicht ausreissen. In vorgedämpften, gut warmen Ofen einschiessen und bei offenem Zug ausbacken.

Cornetti, Mailänderbrötchen, Finger

Teig

1 000 g Wasser
80 g Hefe
30 g Levit
20 g Malz
50 g Salz
2 000 g Weissmehl
100 g Öl

Herstellung

Hefe, Levit und Malz im Wasser auflösen und mit dem Mehl kneten. Bei Hälfte der Knetzeit das Öl, gegen Schluss das Salz beifügen und fertig kneten.
Teigruhe am Stock 20 bis 30 Minuten.

CORNETTI

1500-g-Brüche abpressen (30 Teile), mit der Gipfelrollmaschine rollen, leicht mit Roggenmehl überstauben und etwa 10 Minuten zugedeckt ruhen lassen. Sodann diese halbieren und nochmals durch die Maschine lassen. Ein zweimaliges Rollen gibt schönere und grössere Cornetti. Je zwei Stücke zu einem Cornetti zusammensetzen und auf Bleche oder direkt auf Einschiessapparate absetzen. In mittelwarmen Ofen mit Dampf einschiessen und bei offenem Zug gut ausbacken. Cornetti nicht anstreichen. Sie sollen eine leicht mehlige, rösche, aber helle Kruste aufweisen.

MAILÄNDERBRÖTCHEN

Aus demselben Teig wie für Cornetti Stücke von 60 bis 80 g abwägen und länglich wirken. Nach kurzer Ruhezeit diese Stücke zu einem länglichen Band ausrollen, dann mit der Maschine oder von Hand von einer Seite her satt einrollen. Die Spiralen müssen dabei sichtbar bleiben. Die gerollten Stücke gut angären lassen und vor dem Backen oben der Länge nach tief einschneiden.

In mittelwarmen Ofen mit Dampf einschiessen und bei offenem Zug knusprig und rösch, aber hell ausbacken.

FINGER

Cornetti-Teig gleich verarbeiten wie für Cornetti. Den Teigstreifen beidseitig gleichmässig einrollen und mit der Hand oder einem runden Holzstab die parallel liegenden Rollen in der Mitte quer abdrücken. Zwei Teile der einen Seite leicht auseinanderdrücken und die beiden gegenüberliegenden Teile durch Kehren dazwischenlegen. Auf Tücher oder direkt auf Einschiessapparate

absetzen und bei guter Gare wenden. In milden Ofen mit Dampf direkt auf den Herd einschiessen und bei offenem Zug gut, aber hell ausbacken.

Kleingebäcke

Weggli, Geschnittene Weggli, Sandwiches oder Schinkenbrötli, Weggligipfel

Teig (Expressmethode)

1 000 g Milch
125 g Hefe
30 g Levit
20 g Malz
20 g Zucker
40 g Salz
200 g Butter
1 800 g Weissmehl, evtl. 1/3 Halbweissmehl, 2/3 Weissmehl

Herstellung

Die Zutaten, ausser der Butter und dem Salz, mit dem Mehl zu einem Teig kneten. Die Butter erst dem gut bearbeiteten Teig und gegen Schluss des Knetprozesses das Salz bei

WEGGLI

Den Teig unmittelbar nach dem Kneten in Brüche abwägen und 20 bis 30 Minuten ruhen lassen. Die Brüche anschliessend teilen, rundwirken und die Stücke direkt auf Bleche oder Tücher absetzen. Bei noch knapper Gare die Weggli abdrücken und auf gefettete Bleche absetzen. Eventuell kurze Zeit an der Kühle abstehen lassen. Dann mit Ei bestreichen und weitergären lassen. In mittelwarmen Ofen ohne Dampf einschiessen. Nach 2 bis 3 Minuten dämpfen und bei offenem Zug hell ausbacken.

GESCHNITTENE WEGGLI

Aus Weggliteig Brüche abwägen und rundwirken. Anschliessend länglich aufwirken, direkt auf gefettete Bleche absetzen und kurz angären lassen. Bei eher junger Gare an der Kühle abstehen lassen, dann mit Ei bestreichen und mit der Schere der Länge nach ineinanderlaufend einschneiden. Backen wie abgedrückte Weggli.

SANDWICHES ODER SCHINKENBRÖTLI

Aus Weggliteig Stücke von 60 bis 80 g abwägen und zuerst rundwirken. Nach kurzer Ruhezeit die Stücke spindelförmig länglich wirken und auf gefettete Bleche absetzen. Bei ganz knapper Gare etwas breitdrükken, dann mit Ei bestreichen und gut gären lassen. In mittelwarmen Ofen die ersten 2 bis 3 Minuten ohne Dampf, dann dämpfen und bei offenem Zug hell ausbacken.

Brioches

WEGGLIGIPFEL

Den Teig unmittelbar nach dem Kneten in Brüche abwägen und 20 bis 30 Minuten ruhen lassen. Dann zu Plätzchen ausrollen, eventuell mit Roggenmehl gut stauben und mit der Maschine zu Gipfeln rollen. Vor dem Backen mit Ei bestreichen und kurz antrocknen lassen. In mittelwarmen Ofen ohne Dampf einschiessen. Nach 2 bis 3 Minuten dämpfen und bei offenem Zug hell ausbacken.

Teig

- 100 g Milch
- 100 g Hefe
- 20 g Malz
- 100 g Zucker
- 25 g Salz
- 400 g Eier
- 300 g Butter
- 1 000 g Mehl

Herstellung

Hefe, Malz und Zucker in der Milch auflösen und mit dem Mehl mischen. Eier und Salz miteinander verrühren und in 2 bis 3 Intervallen beigeben. Erst wenn sich der Teig gut entwickelt hat, die Butter zufügen. Den sehr gut gekneteten teig zirka 6 bis 8 Stunden kühl stellen.

Aufarbeiten

Die abgewogenen Teigstücke (35 bis 40 g) rund aufwirken und etwas ruhen lassen. Der obere Teil, das Köpfchen, soll 1/4 bis 1/3 des ganzen Teigstükkes ausmachen. Dieses mit dem Handrücken so weit vom Rumpf trennen, dass nur noch ein dünner Strang die Teile verbindet. In gefettete, gerippte Tartelette-Förmchen einfüllen, indem der untere, grössere Teigteil in der Mitte regelmässig tief eingedrückt und das Köpfchen in die Vertiefung gelegt wird. Die Brioches auf Gare stellen, dann an der Kühle gut abstehen lassen und sorgfältig zweimal mit Ei bestreichen. In gut warmem Ofen bei gezogenem Zug schön hellbraun backen.
Es ist vorteilhaft, die Brioches zum Backen auf ein heisses Blech abzusetzen, damit sie schneller aufziehen und schöner reissen. Da der Teig viel Eier enthält, die Brioches möglichst kurz backen, damit sie nicht zu stark austrocknen.
Der Teig kann auf Vorrat hergestellt und tiefgekühlt werden.

Fastenwähen

Hebel

500 g Milch
60 g Hefe
700 g Weissmehl

Teig

1 200 g Hebel
500 g Milch
20 g Malz
40 g Salz
600 g Butter
1 000 g Weissmehl

Herstellung

Den Hebel kühl anstellen und ca. 3 Stunden gären lassen. Salz und Malz in der kalten Milch auflösen, damit den reifen Hebel aufgreifen und mit dem Mehl zusammen zu einem feinen Teig verarbeiten. Die Butter erst zuletzt dem gut entwickelten Teig beigeben. Den Teig 1 Stunde im Kühlschrank gären lassen.

Aufarbeiten

Teigstücke von 40 bis 50 g abwägen, zuerst rundwirken und anschliessend spindelförmig aufarbeiten. Die beiden Enden ziemlich spitz zulaufen lassen und darauf achten, dass der Schluss gerade und unten ist. Die so aufgearbeiteten Stücke auf einen gut mit Mehl bestaubten Laden absetzen und gären lassen. Bei knapper Gare die Fastenwähen an der Kälte abstehen lassen. Bevor sie ganz erstarrt sind, mit der Handkante längs leicht eindrücken und die Teigstücke auf einen sauberen, unbestaubten Laden legen. Mit dem Spezialstempel abdrücken, zweimal mit Eierstreiche bepinseln und mit Kümmel bestreuen. Anschliessend die Stücke ausziehen, so dass ein Quadrat entsteht und auf Bleche absetzen.
Die Fastenwähen können auch direkt auf dem Herd gebacken werden. In gut warmem Ofen bei offenem Zug, ohne Dampf, kurz aber knusperig ausbacken.

Feingebäcke aus Hefesüssteig, ungefüllt und gefüllt

Hefesüssteig

Teig

1 000 g Milch
150 g Hefe
30 g Levit
20 g Malz
200 g Zucker
40 g Salz
100 g Eier
Zitronenraps
Vanille
200 g Butter
2 000 g Weissmehl

Herstellung

Hefe, Levit, Malz und Zucker in der Milch auflösen und mit dem Mehl mischen. Das Salz mit den Eiern verrühren und beifügen. Zuletzt die Butter dazugeben und den Teig sehr gut kneten.
Stockgare 1 bis 1½ Stunden an der Kühle.

Zuckerbrötli

Brüche abwägen und rundwirken. Auf gefettete Bleche absetzen. Nach guter Gare zweimal mit Ei bestreichen und Hagelzucker aufstreuen. In mildem Ofen ohne Dampf backen.

Kreuzli

Aus Hefesüssteig Stücke von ca. 50 g abwägen und länglich wirken. Nach kurzer Liegezeit auf ca. 25 cm Länge und 5 cm Breite ausrollen. Mit warmer Butter bepinseln, mit etwas Zucker bestreuen und einige Sultaninen darauf verteilen. Die Teigbänder aufrollen und der Länge nach entzweischneiden. Mit Schnitt nach oben übers Kreuz legen, auf Bleche absetzen und gären lassen. Vor dem Backen mit Ei bestreichen und in mildem, vorgedämpftem Ofen backen. Nach dem Backen aprikotieren, glasieren und mit gehobelten Mandeln oder Hagelzucker ausgarnieren.

Gedrehte Zöpfli

Teigstücke wie für Kreuzli vorbereiten. Aufrollen und schneiden, dann ineinanderlegen und aufdrehen. Nach dem Glasieren Hagelzucker aufstreuen.

Creme-schnecken

Hefesüssteig 2 mm dick zu einem Rechteck ausrollen und zuerst mit brauner Füllung und darüber mit wenig Vanillecreme bestreichen. Einige Korinthen oder Sultaninen aufstreuen und das ganze Stück einrollen. Die Rolle soll nur ca. 5 cm dick sein. Davon ungefähr 3 cm breite Stücke schneiden, diese mit dem Stab in der Mitte abdrücken und auf gefettete Bleche oder Silikonpapier absetzen. Nach guter Gare mit Ei bestreichen und in mildem Ofen mit Dampf backen. Anschliessend aprikotieren, glasieren und gehobelte, geröstete Mandeln aufstreuen.

Cremerollen

Teigstücke wie für Kreuzli ausrollen, mit Vanillecreme bestreichen und einrollen. Die Stücke auf Bleche absetzen und mit der Schere in der Mitte der Länge nach tief bis auf den Boden einschneiden. Nach Dreiviertelgare mit Ei bestreichen und in mildem Ofen mit Dampf backen. Anschliessend aprikotieren und glasieren.

Appenzeller Nussgipfel

Beliebig grosses Teigstück 2½ mm dick ausrollen und nach kurzer Abstehzeit Rechtecke von 8 × 15 cm schneiden. In der Mitte der Länge nach gleichviel Haselnussfüllung wie Teig aufdressieren. Beide Seiten längs einschlagen und die Gipfel mit Schluss nach unten gerade oder leicht gebogen auf Bleche absetzen. Leicht flachdrücken und gären lassen. Bei guter Gare mit Ei bestreichen, leicht stupfen und in mildem Ofen mit Dampf backen. Die Gipfel noch heiss mit flüssiger Butter bestreichen, erkalten lassen und in Kristallzucker wenden.

Geflochtene Hefesüssteig-Gebäcke

Für geflochtene Süssteiggebäcke ist es vorteilhaft, den Teig etwas fest zu halten. Stockgare 30 Minuten.
Die aufgearbeiteten Stücke auf Bleche absetzen und gären lassen. Nach Dreiviertelgare mit Ei bestreichen und in mittelwarmem Ofen bei offenem Zug backen.

Einstrang-Zöpfli

Ca. 40 cm lange Stränge ausrollen. Einen Strang zu einer Schlaufe mit einem verlängerten Teil auslegen. Den längeren Teil einmal unten durchziehen, die Schlaufe nach rechts umdrehen und das Ende von unten einziehen.

Golatsch

Teigstücke gleich aufarbeiten wie für Einstrang-Zöpfli. Die beiden Enden gegeneinander drücken und mit Schluss nach unten auf Bleche absetzen.

Zimtknöpfe

Teigstücke in Zimtzucker zu langen Strängen rollen, wobei die Enden etwas dicker sein sollen. Diese zu einem Knopf flechten, auf Bleche absetzen und gären lassen. In mittelwarmem Ofen mit Dampf backen. Dabei soll der Zucker am Boden der Zimtknöpfe leicht caramelieren.

Krawattenknöpfe

Einen Teigstrang ca. 35 cm lang rollen und U-förmig mit den Enden nach unten auf den Tisch legen. Die U-Schlaufe nach unten überlegen, und die beiden Enden durch die entstandenen Öffnungen ziehen.

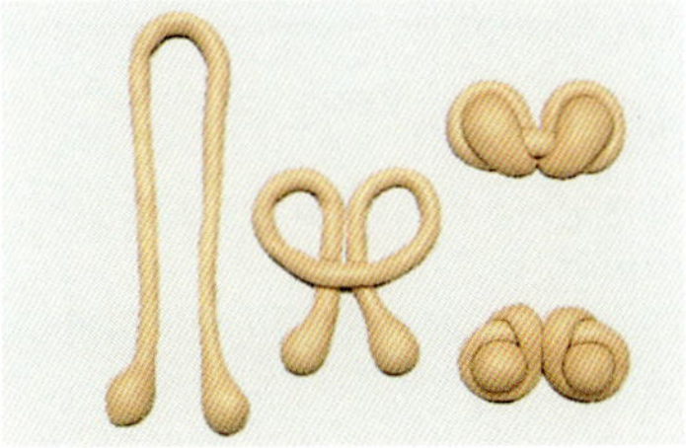

Schere

Einen Teigstrang ca. 35 cm lang rollen und U-förmig mit den Enden nach unten auf den Tisch legen. Die U-Schlaufe nach unten überlegen und die beiden dadurch entstandenen Schlaufen nach aussen einmal drehen.

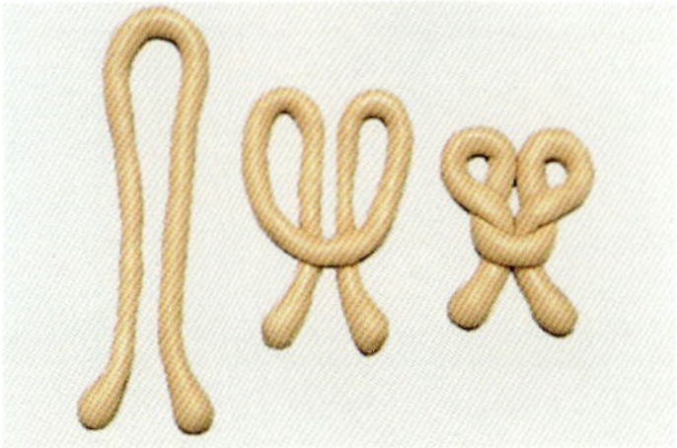

Zapfenzieher

Einen Teigstrang ausrollen und den Mittelteil in eine dreifache Schlaufe legen. Die beiden Enden ineinanderdrehen.

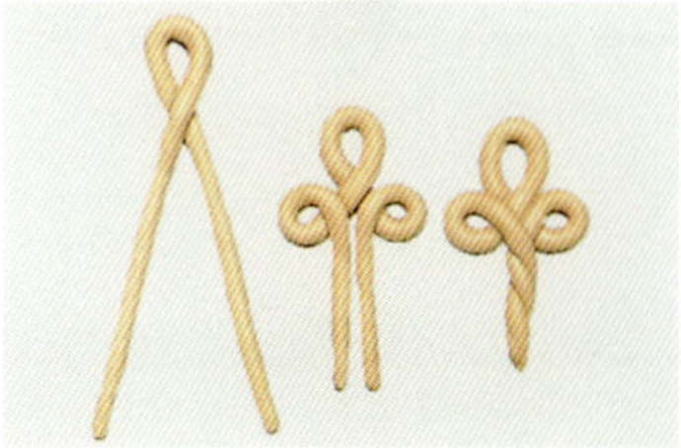

Süsse «S» oder Brille

Einen Teigstrang beidseitig einrollen und zu einem «S» oder einer Brille formen.

Pfeife

Einen Teigstrang zu einer Pfeife formen.

Rosetten

Teig

1000 g	Milch
150 g	Hefe
30 g	Levit
20 g	Malz
200 g	Zucker
40 g	Salz
	Zitronenraps
	Vanille
200 g	Butter
1900 g	Weissmehl
300 g	Sultaninen

Herstellung

Hefe, Levit, Malz und Zucker in der Milch auflösen und mit dem Mehl zu einem Teig kneten. Die Butter erst dem gut bearbeiteten Teig beigeben, anschliessend das Salz, und am Schluss die gewaschenen, abgetropften Sultaninen sorgfältig daruntermischen.
Teiggare am Stock 1 bis 1½ Stunden.

Aufarbeiten

Teigstücke von 50 g abwägen und länglich wirken.
Etwas ruhen lassen, dann in schmale Streifen von ca. 25 cm Länge ausrollen. Diese Teigstreifen mit flüssiger Butter bestreichen, mit Zucker bestreuen und auf einer Längsseite, in Abständen von ca. 1 cm, Einschnitte bis in die Mitte machen. Die so eingeschnittenen Streifen einrollen und aufgestellt auf gefettete Backbleche absetzen. Bei guter Gare in mittelwarmem Ofen mit Dampf backen.
Solange noch heiss mit flüssiger Butter bestreichen und, wenn erkaltet, in Kristallzucker wenden.

Mandelbrötchen

Teig

Wie Rosetten.
Anstelle von 300 g Sultaninen
150 g gehacktes Orangeat/ Citronat
100 g gemahlene, weisse Mandeln
Fiori di Sicilia
Zitronenraps
150 g Sultaninen

Aufarbeiten

50-g-Teigstücke rundwirken und auf Tücher absetzen. Bei mittlerer Gare die Brötchen wie Weggli, jedoch zweimal übers Kreuz abdrücken. Mit Ei bestreichen und in einer Mischung von ½ fein gehobelten, weissen Mandeln und ½ Kristallzucker tunken. Die Mandelbrötchen auf gefettete Bleche absetzen und fertig gären lassen. Bei guter Gare in einem milden Ofen mit Dampf backen. Der Zucker der Mischung soll durch das Bakken leicht caramelieren.

Kapuzinerbrötchen

Teig

1 000 g Milch
100 g Hefe
30 g Levit
10 g Malz
200 g Zucker
40 g Salz
200 g Eier
Zitronenraps
200 g Butter
1 850 g Weissmehl
300 g Sultaninen

Herstellung

Hefe, Levit, Malz und Zucker in der Milch auflösen und mit dem Mehl zu einem Teig kneten. Das Salz mit den Eiern verrühren und dem Teig langsam beigeben. Bei Hälfte des Knetens die Butter beifügen und zuletzt die gewaschenen, abgetropften Sultaninen sorgfältig dazugeben.
Stockgare 60 Minuten.

Aufarbeiten

Teigstücke von 50 g abwägen, rundwirken und auf gefettete Bleche absetzen. Bei mittlerer Gare zweimal mit Ei bestreichen. Zuckerteig 2 bis 3 mm dick ausrollen, mit einem Ausstecher von 6 cm Durchmesser ausstechen und auf die Brötchen legen. Nochmals kurz gären lassen, dann in mittelwarmem Ofen und bei offenem Zug hell ausbacken.

Meitschibei

Teig

1 500 g Weissmehl
400 g Butter
500 g Milch
50 g Hefe
10 g Malz
150 g Zucker
20 g Salz
100 g Eier

Herstellung

Mehl und Butter miteinander verreiben und anschliessend mit den übrigen Zutaten zu einem plastisch bearbeiteten Teig kneten.
An der Kühle abstehen lassen.

Füllung

1 500 g leicht geröstete, gemahlene Haselnüsse
750 g Zucker
200 g Glukose
100 g Butter
20 g Zimt
300 g Wasser, ca.

Herstellung

Sämtliche Zutaten mischen und in der Reibmaschine zu einer feinen, eher festen Masse reiben. Diese soll der Teigfestigkeit entsprechen.

Aufarbeiten

Den Teig 1¾ mm dick ausrollen, in Plätzchen von 18 × 7 cm schneiden und mit Ei bestreichen. Pro Meitschibei 30 g Füllung, ebenfalls 18 cm lang, gerollt auflegen und sorgfältig einschlagen. Zu Stangen von 22 cm Länge rollen und in der gewünschten Form auf gefettete Bleche absetzen. Vor dem Backen zweimal mit Ei bestreichen und in gut warmem Ofen ohne Dampf backen.

Nuss-Stengel

Teig und Füllung wie für Meitschibei.

Aufarbeiten

Den Teig 1¾ mm dick ausrollen, in Plätzchen von 14 × 7 cm schneiden und mit Ei bestreichen. Pro Nuss-Stengel 30 g Füllung, ebenfalls 14 cm lang, gerollt auflegen und sorgfältig einschlagen. Zu Stangen von 18 cm Länge rollen und gerade auf Bleche absetzen. Vor dem Backen zweimal mit Ei bestreichen und in gut warmem Ofen ohne Dampf backen.

Kleingebäcke aus tourierten Teigen

Parisergipfel

Teig

1 000 g Milch
80 g Hefe
20 g Levit
20 g Malz
40 g Zucker
50 g Salz
150 g Eier
100 g Butter
2 000 g Weissmehl

700 g Butter, Gipfelfett oder Blätterteigmargarine zum Einschlagen

Herstellung

Hefe, Levit, Malz und Zucker in der kalten Milch auflösen und mit dem Mehl mischen. Das Salz mit den Eiern verrühren und beigeben. Bei Hälfte der Knetzeit die Butter dazugeben und gut kneten. Den Teig rechteckig ausrollen, auf Bleche legen, mit Plastik zudecken und zirka 60 Minuten in den Tiefkühler geben. Anschliessend die Butter auf $^{2}/_{3}$ des Teiges gleichmässig verteilen, zusammenlegen und in kurzen Abständen drei einfache Touren geben. Nicht unter 10 mm tourieren, damit die Butterschichten erhalten bleiben. Den Teig über Nacht im Kühlschrank liegen lassen. Er darf am Morgen nicht zusammengefallen sein. Dieser Teig eignet sich auch für eine Gärdauer von nur 1 bis 2 Stunden. Dazu wird die Hefebeigabe auf 150 g pro Liter erhöht.

Aufarbeiten

Teigstücke 2,5 bis 3 mm dick ausrollen und mit der Walze oder dem Messer Dreiecke von 35 bis 40 g schneiden. Diese mit der Maschine sorgfältig zu Gipfel rollen und auf Bleche absetzen. Zugedeckt bei Backstubentemperatur oder in nicht zu warmem Gärschrank (28 bis 30° C) gären lassen. Vor dem Backen mit Ei bestreichen, kurz antrocknen lassen und in mittelwarmen Ofen mit Dampf einschiessen. Bei offenem Zug ausbacken.

Vollkorngipfel

Teig

1 000 g Wasser
100 g Hefe
50 g Levit
10 g Malz
20 g Zucker
50 g Tourit
40 g Salz
150 g Eier
1 600 g Grahammehl, * extra fein
700 g Butter, Gipfelmargarine oder Gipfelfett zum Einschlagen

* Die Korngrösse für extra feines Grahammehl ist kleiner als 0,5 mm.

Herstellung

Malz und Zucker im Wasser auflösen und mit den übrigen Zutaten ausser Salz und Eier mischen. Das Salz mit den Eiern verrühren, beigeben und den Teig schonend auskneten. Anschliessend den Teig 60 Minuten am Stock gären lassen.

Tourieren

Den Vorteig rechteckig ausrollen, auf Blech legen, mit Plastik zudecken und ca. 45 Minuten in den Tiefkühler stellen. Anschliessend den Fettstoff auf 2/3 gleichmässig einschlagen und in kurzen Abständen drei einfache Touren von 10 mm geben. den Teig 3—4 Stunden im Kühlschrank gären lassen.

Aufarbeiten

Den Teig 5,5—6 mm dick ausrollen und mit der Walze Dreiecke von 12 cm Breite und 10,5 cm Höhe (ca. 45 g) schneiden. Diese mit der Maschine sorgfältig zu Gipfeln rollen und auf Bleche absetzen. Mit Plastik zudecken und bei Backstubentemperatur gären lassen. In mittelwarmen Ofen mit Dampf einschiessen und bei offenem Zug gut ausbacken.

Croissants feuilletés

(Méthode française)

Teig

1 000 g	Wasser, kalt
50 g	Hefe (im Winter 70 g)
20 g	Malz
60 g	Milchpulver
80 g	Zucker
40 g	Salz
1 800 g	Weissmehl
600 g	Butter zum Einschlagen

Herstellung

Alle Zutaten im Wasser auflösen und mit dem Mehl zu einem Teig verarbeiten. Gut kneten und anschliessend 4 bis 5 Stunden im Kühlschrank gären lassen. Dann den Teig ausrollen, die Butter gleichmässig auf 2/3 des Teiges verteilen, zusammenlegen und in kurzen Abständen drei einfache Touren geben. Den tourierten Teig 2 bis 3 Stunden im Kühlschrank gären lassen.

Aufarbeiten

Den Teig zirka 3 mm dick ausrollen und mit der Walze oder einem Messer Dreiecke schneiden. Diese mit der Maschine oder von Hand sorgfältig und ohne zu forcieren zu Gipfel rollen und auf Bleche absetzen. In nicht zu warmem Gärschrank (28 bis 30° C) oder zugedeckt bei Backstubentemperatur gären lassen. Vor dem Backen mit Ei bestreichen, kurz antrocknen lassen und in mittelwarmem Ofen mit Dampf anbacken und bei offenem Zug ausbacken.

Feingebäcke aus touriertem Hefesüssteig

Nussgipfel, Schnecken

Teig

1 000 g	Milch
150 g	Hefe
20 g	Malz
200 g	Zucker
40 g	Salz
100 g	Eier
	Zitronenraps
100 g	Butter
2 000 g	Weissmehl
700 g	Butter oder Blätterteigmargarine zum Einschlagen

Herstellung

Hefe, Malz und Zucker in der kalten Milch auflösen und mit dem Mehl mischen. Das Salz mit den Eiern und dem Zitronenraps verrühren und beigeben. Anschliessend die Butter hinzufügen und gut kneten. Den Teig rechteckig ausrollen und die geschmeidig gearbeitete Butter gleichmässig auf 2/3 des Teiges verteilen und einschlagen. In Abständen von 10 bis 15 Minuten drei einfache Touren geben. Er kann bereits nach 1 Stunde aufgearbeitet oder zugedeckt über Nacht (in diesem Fall nur 100 g Hefe pro Liter) kühlgestellt werden.

NUSSGIPFEL

Teigstücke 2,5 mm dick ausrollen und in Dreiecke schneiden. Braune Füllung aufstreichen oder eindressieren und die Stücke einrollen. Leicht gebogen auf Bleche absetzen und nicht zu warm gären lassen. Bei guter Gare die Nussgipfel mit Ei bestreichen, leicht stupfen und in vorgedämpftem, mildem Ofen backen. Anschliessend aprikotieren und glasieren. Eventuell in der Mitte gehobelte Mandeln aufstreuen.

SCHNECKEN

Tourierter Süssteig zirka 2,5 mm dick rechteckig ausrollen (zirka 40 cm breit) und mit brauner Füllung bestreichen. Das Ganze einrollen und Stücke der gewünschten Grösse abschneiden. Die Schnecken auf gefettete Bleche oder in Alu-Förmchen von 9 cm Durchmesser legen und nicht zu warm gären lassen. Vor dem Backen die Schnecken mit Ei bestreichen und in mildem Ofen mit Dampf backen. Anschliessend aprikotieren und glasieren.

Dänisch-Plunder

Brezel, Schlüferli, Kämme, Gipfeli, Spandauer

Teig

1 000 g Milch
200 g Hefe
20 g Malz
200 g Zucker
40 g Salz
250 g Eier
15 g Kardamomen-Pulver
Zitronenraps
100 g Butter
2 200 g Weissmehl

1 200 g Butter oder Blätterteigmargarine zum Einschlagen

Herstellung

Hefe, Malz, Zucker, Gewürz und Zitronenraps in der kalten Milch verrühren und mit dem Mehl mischen. Das Salz mit den Eiern verrühren und beigeben. Nachher die Butter zufügen und den Teig sehr gut kneten. Diesen Teig anschliessend rechteckig ausrollen, die Butter regelmässig auf $^{2}/_{3}$ des Teiges verteilen und einschlagen. In Abständen von 5 bis 10 Minuten drei einfache Touren geben. Den Teig möglichst kühl halten. Vor dem Aufarbeiten mindestens 2 Stunden kühlstellen. Wenn möglich in einem eher kühlen Raum aufarbeiten.

Aufarbeiten

Alle Plundergebäcke nicht dünner als 3 mm ausrollen. Die aufgearbeiteten Plundergebäcke nicht an einem zu warmen Ort auf Gare stellen, ansonst die Butter ausfliesst. Um schöne Schichten zu erhalten, die Gebäcke nur langsam bei Backstubentemperatur auf Gare stellen.

Füllungen

Braune Plunderfüllung

1 000 g Haselnüsse, gemahlen und leicht geröstet 800 g Zucker 200 g Glukose 10 g Zimt 500 g Wasser	fein reiben

Die Masse gut streichfähig, jedoch nicht zu weich halten.

Weisse Plunderfüllung

500 g Mandeln 500 g Zucker 200 g Eiweiss	fein reiben

Die Masse mit Eiweiss oder Wasser zu einer streichfähigen Füllung verdünnen und mit Zitronenraps abschmecken.

Butterfüllung

250 g Rohzucker 250 g Butter	schaumig rühren

BREZEL

Teigstücke von 25 bis 30 cm Breite ausrollen. Die Hälfte des Teiges dünn mit weisser Plunderfüllung bestreichen und die andere Hälfte darüberlegen. Streifen von 1 cm Breite schneiden, diese gegenseitig aufdrehen und zu Brezel formen. Gut gären lassen, anschliessend mit Ei bestreichen und mit Dampf in mildem Ofen backen. Noch heiss aprikotieren und glasieren.

SCHLÜFERLI

Teigstreifen von 24 cm Breite ausrollen. In der Mitte der Länge nach mit wenig backfester Marmelade und anschliessend mit Butterfüllung überstreichen. Die beiden Längsseiten gegen die Mitte legen. Mit Schluss nach oben in 3 bis 4 cm breite Streifen schneiden. Diese Stücke in der Mitte der Länge nach einschneiden. Ein Teigende durch den Einschnitt ziehen, auf mit Silikonpapier belegte Bleche absetzen und gären lassen. Vor dem Backen die Schlüferli mit Ei bestreichen und in die Vertiefung Vanillecreme dressieren. In mildem Ofen mit Dampf backen. Noch heiss aprikotieren und glasieren.

KÄMME

Teigstreifen von 25 cm Breite ausrollen. In der Mitte der Länge nach mit brauner Füllung und Butterfüllung überstreichen. Wie Schlüferli einschlagen, wenden, die Oberfläche mit Ei bestreichen und mit gehobelten Haselnüssen überstreuen. Davon 3 bis 4 cm breite Streifen schneiden und auf einer Längsseite 5 bis 6 Einschnitte anbringen. Die Stücke halbmondförmig auf Bleche absetzen, gären lassen und in mildem Ofen mit Dampf backen. Nach dem Backen mit Puderzucker stauben.

GIPFELI

Ein Teigstreifen auf eine Breite von 24 cm ausrollen. Davon längliche Dreiecke schneiden, etwas weisse Plunderfüllung aufdressieren und zu Gipfeln rollen. Diese auf Bleche setzen und gären lassen. Dann mit Ei bestreichen und in mildem Ofen mit Dampf backen. Noch heiss aprikotieren und glasieren. Gehobelte Mandeln aufstreuen.

SPANDAUER

Den Teig ausrollen und davon Quadrate von 8 × 8 cm schneiden. Die vier Ecken in die Mitte legen, gut andrücken und einen Tupfen Mandelmasse aufdressieren. Auf Bleche absetzen, gären lassen und in mildem Ofen mit Dampf backen. Noch heiss aprikotieren und glasieren.

Schwimmend Gebackenes

Berliner Pfannkuchen

Teig

1 000 g Milch
200 g Hefe
150 g Zucker
500 g Eigelb
40 g Salz
Zitronenraps
300 g Butter
2 100 g Weissmehl, ca.

Herstellung

Hefe und Zucker in der Milch auflösen und mit dem Mehl zu einem Teig kneten. Das Salz mit dem Eigelb verrühren, nach und nach beigeben und zuletzt die Butter zugeben.
Den Teig sehr gut kneten bis er fein und trocken ist.
Den Teig 60—75 Minuten am Stock gären lassen.

Aufarbeiten

In Brüche abwägen und rundwirken. Auf Tücher absetzen und gären lassen. Bei mittlerer Gare in 180 bis 200°C heissem Fett backen. Die Berliner während des Backens zwei- bis dreimal wenden, damit sie langsam und gleichmässig backen. Die Berliner noch heiss mit Himbeermarmelade füllen und im Zimtzucker drehen, eventuell mit Puderzucker stauben.

Variante

Die Berliner vor dem Backen füllen. Dazu die rundgewirkten Teigstücke nach kurzer Ruhezeit flachdrücken und in die Mitte Himbeermarmelade dressieren. Die Teigstücke sorgfältig schliessen und mit Schluss nach unten auf Tücher absetzen. Bei mittlerer Gare backen.

Schlüferli

Teig

300 g Milch
60 g Hefe
20 g Levit
10 g Malz
10 g Salz
100 g Eier
150 g Mandelmasse
80 g Butter
Zitronenraps
850 g Weissmehl
150 g feingehackte, confierte Früchte

1,5 kg Blätterteig bis zur zweiten Tour vorbereiten.

Zürcher Zigerkrapfen

Herstellung

Hefe, Levit und Malz in der Milch auflösen und mit dem Mehl mischen. Salz, Eier und Zitronenraps verrühren und dazugeben. Die Butter und die Mandelmasse beigeben, zusammen kneten und zuletzt die Früchte einarbeiten. Den Teig anschliessend zirka 30 Minuten gären lassen. Den Blätterteig rechteckig ausrollen, den Hefeteig darauf legen und einschlagen. In kurzen Abständen drei einfache Touren geben.

Aufarbeiten

1,5 kg Teig auf 50 × 60 cm ausrollen. Davon Rechtecke von 5 × 10 cm schneiden. In der Mitte jedes Stück zirka 6 cm lang einschneiden. Ein Ende durch diesen Schlitz ziehen, auf Tücher absetzen und gären lassen. In 180 bis 190°C heissem Fett schön braun backen und anschliessend in Zimtzucker drehen.

Teig

1000 g Weggliteig
1000 g Blätterteig

Füllung

1000 g Ziger
600 g Mandelmasse
fein reiben

400 g Vanillecreme
50 g Eigelb
100 g Rahm
200 g Sultaninen
etwas Kirsch
Zitronenraps
beigeben und vermischen.

Herstellung

Hefe- und Blätterteig aufeinanderlegen, drei einfache Touren geben und etwa eine halbe Stunde kühlstellen. Dann den Teig 1,5 mm dick ausrollen, runde Plätzchen ausstechen (Ø 10 cm) und in die Mitte einen Tupfen Füllung aufdressieren. Den Rand des Teiges mit Ei bestreichen, zu Krapfen übereinanderlegen und mit einem Ausstecherrücken gut andrücken. Vor dem Backen mit der Gabel stupfen. Backen und in Zimtzucker wenden. Fettemperatur ca. 200°C.

Laugengebäcke

Teig

1 000 g Wasser
80 g Hefe
20 g Malz
40 g Salz
100 g Öl
2 000 g Weissmehl

Herstellung

Die Teigzutaten, ohne Öl und Salz, zu einem Teig kneten. Nach Dreiviertel der Knetzeit das Öl und am Schluss das Salz beifügen.
Stockgare 15 bis 20 Minuten.

Natronlauge

a) im Handel:
Unter 5%ige Natronlauge ist gebrauchsfertig und ohne Giftschein (max. 4,9%ige) erhältlich.

b) eigene Zubereitung der Lauge:
1 000 g warmes Wasser
50 g Natriumhydroxyd, rein, in Plätzchen
Die Plätzchen mit dem Wasser aufkochen bis zur vollständigen Lösung.

Verwendungstemperatur ca. 40° C.

BIERBREZEL

1800-g-Brüche abpressen und länglich vorwirken. Nach kurzer Ruhezeit die Stücke zu 45 bis 50 cm langen Strängen ausrollen und zu Brezeln formen. Die Stränge in der Mitte etwas dicker, dann dünner und gegen die Enden hin wieder etwas dicker wirken. Die Brezel leicht angären lassen und anschliessend an der Kälte abstehen lassen. Vor dem Backen in Lauge tunken, mit grobkörnigem Salz bestreuen und auf Gitter oder Tefal-Blechen in nicht zu warmem Ofen ohne Dampf gut ausbacken.

SILSER BREZEL (gefüllte Brezel)

1500-g-Brüche zu 50-g-Teigstücken abpressen und länglich vorwirken. Nach kurzer Ruhezeit die Stücke zu 30 cm langen, gleichmässigen Strängen ausrollen und zu Brezel formen. Diese leicht angären lassen und kühlstellen. Vor dem Backen in Natronlauge tunken, auf Gitter oder Tefal-Bleche absetzen und mit grobkörnigem Salz bestreuen. Bei mässiger Hitze und offenem Zug backen. Nach dem Erkalten in der Mitte entzweischneiden und mit schaumig gerührter, leicht gesalzener Butter füllen.

Butterfüllung

200 g Butter
40 g Wasser
Salz

Zusammen schaumig rühren.

DELICE

1200-g-Brüche abpressen (30 Teile) und rundwirken. Sodann etwas länglich stossen oder mit der Maschine zu kurzen Rollen aufarbeiten. Nach kurzer Gare im Kühlschrank abstehen lassen, in Natronlauge tauchen und auf Gitter oder Tefal-Bleche mit Schluss nach unten absetzen. Der Länge nach leicht einschneiden, mit grobem Salz bestreuen und in mildem Ofen ohne Dampf backen. Nach dem Auskühlen aufschneiden und mit schaumig gerührter, leicht gesalzener Butter bestreichen.

Butterfüllung

200 g Butter
40 g Wasser
5 g Senf
Salz

Zusammen schaumig rühren.

Variante

Zur Abwechslung können die Silser Brezeli sowie die Délice mit Coppa, Salami, Schinken oder Käsescheiben gefüllt werden.

Grosse Hefegebäcke

Richtlinien für die Herstellung reichhaltiger Hefeteige

Behandlung reichhaltiger Hefeteige

Die Reichhaltigkeit verschiedenster Hefeteige wird durch deren speziell hohen Zutatenanteile wie Butter, Eier und Zucker bestimmt. Darüber hinaus weisen eine ganze Anzahl bestbekannter Gebäcke aus Hefesüssteig recht hohe Früchte- und Kernenbeigaben auf.
Die einwandfreie Herstellung solcher Teige, als Voraussetzung für schöne Endprodukte, erfordert vom Fachmann zusätzliches Wissen und Können. Dies betrifft insbesondere die Teigbearbeitung, die Triebführung, das Aufarbeiten und das Backen.

Einteilung

Entsprechend den Zusätzen können die Teige und deren Gebäcke in nachfolgende Kategorien geordnet werden:

a) Teige mit hohem Butter- und Eieranteil
b) Teige zusätzlich mit Früchten angereichert
c) Reichhaltige Teige mit hohen Zusätzen von Früchten und Kernen

Die Teigbereitung

Grundsätzlich benötigen alle reichhaltigen Hefeteige eine intensive Knetung der Zutaten vor der Beigabe von Butter und Früchten.
Dies führt zu einer optimalen Kleberentwicklung mit entsprechend standfesten Teigen. Damit werden die Voraussetzungen geschaffen, grössere Mengen von Früchten und Nüssen zu umschliessen und zudem in der Gebäckskrume regelmässig verteilt zu halten.

Die Zutaten und deren Behandlung

Schüttflüssigkeit

Für den Grossteil dieser Teige wird als Flüssigkeit Milch eingesetzt. Diese wird aus Gründen der Übersäuerung für die Vorteige oft durch Wasser ersetzt.
Je nach Umweltbedingungen, Reichhaltigkeit des Rezeptes und Knetsystems muss entsprechend kalt geschüttet werden, wobei eine Temperatur zwischen 22°C und 24°C angestrebt werden soll. Dies bedingt sodann eine entsprechende Anpassung der Flüssigkeitstemperatur, welche von kalt (10 bis 12°C) über Frigortemperatur (3 bis 5°C) bis eisgekühlt variieren kann.

Hefe

Das Hefequantum richtet sich nach der Reichhaltigkeit und Triebführungsart der Teige. Es beträgt je nach der Höhe der übrigen Beigaben 3% bis 10% vom Mehlquantum.

Salz

Reichhaltige Hefeteige erfordern aufgrund höherer Teigausbeuten bzw. Teigquanten pro Liter Flüssigkeit eher eine grössere Salzbeigabe als dies bei den üblichen Weissmehlgebäcken der Fall ist, jedoch sollten 50 Gramm/Liter nicht überschritten werden.

Zucker

Je höher der Anteil Zucker, um so mehr ist darauf zu achten, dass er in der Flüssigkeit vollständigkeit gelöst beigegeben wird. Ansonst bleiben die Teige aufgrund ungelöster Anteile feucht und klebrig. Dies führt dann zu ungenügenden Gebäcksvolumen. Teige mit hohem Zuckeranteil erfordern eine verlängerte Knetzeit, um eine gute Gebäcksausbildung zu erzielen.

Eier

Diese werden mit dem Salz kurz aufgeschlagen und bei grossen Eiquantitäten stufenweise den übrigen Zutaten beigemischt. Dieses Vorgehen führt zu einer langen Kleber- bzw. Teigstruktur. Es ergibt feinere und geschmeidigere Teige, was sich auf die Gebäckvolumen günstig auswirkt.

Butter

Die Butter soll in kühlem, aber geschmeidigem Zustand verarbeitet werden. Sie darf keinesfalls schmierig sein. Bei sehr hohen Mengen, z. B. bei Dresdener Stollen, ist ein sukzessives Beigeben notwendig. Die Butterbeigabe erfolgt erst, wenn die Teige fein, trocken und plastisch geknetet sind, damit die Nahrungsaufnahme der Hefe und die Kleberbildung nicht gestört werden.

Der Bearbeitungszustand der Teige kann auf einfache Weise schnell geprüft werden. Das Bild zeigt die lange, homogene Struktur eines hauchdünn ausgezogenen Teigstückes, ohne dass dieses zerreisst.

Früchte und Nüsse

Früchte wie Korinthen, Sultaninen, Rosinen und Weinbeeren sollten stets in kaltem Wasser gewaschen werden. Anschliessend lässt man sie auf einem Sieb abtropfen und auf Silikonpapier antrocknen. Eventuell, je nach Rezept, in Spirituosen wie Kernobstbranntwein, Rum usw. einweichen. Vor der Beigabe können sie zwecks besserer Haftung mit dem Teig noch leicht mit Mehl überstaubt werden.

Confierte Früchte werden meist in gewürfeltem Zustand beigegeben. Dabei besteht die Gefahr, dass die scharfkantigen Würfelchen das Teiggefüge beeinträchtigen. Sind die confierten Früchte zu hart, werden sie vorteilhaft zuvor in kaltem Wasser eingeweicht und anschliessend getrocknet. Warmes Wasser würde den Zucker aus den Früchten zu stark lösen.
Nüsse sollten nicht fein gehackt beigefügt werden, da sie sonst im Gebäck zu wenig zur Geltung kämen.

Die Beigabe von Früchten und Nüssen darf erst am Schluss des Knetens erfolgen. Dabei handelt es sich um ein sorgfältiges Beimengen im Mischgang, bis die Früchte regelmässig im Teig verteilt sind.

Die Triebführung

Die indirekte Triebführung

Bei reichhaltigen Teigen sprechen mannigfaltige Gründe für die Anwendung eines Hebels oder Vorteiges.

- Verbessertes Aufschliessen und Entwickeln des Klebers. Dies ergibt somit eine Erhöhung der Standfestigkeit der Teige und eine bessere Stabilität der Krume, um die grossen Mengen Butter, Zucker und Früchte aufzunehmen.
- Bildung von Milch- und Essigsäuren als Voraussetzung für eine längere Frischhaltung trifft jedoch nur bei der langen Triebführung über Nacht zu.
- Bei langen Triebführungen vermehrte Entwicklung von Gärsäuren als Geschmacks- und Aromastoffe.

Die unterschiedlich hohen Zutatenmengen verlangen gezielte indirekte Triebführungsmethoden. Hauptsächlich kommen der langgeführte Hebel über Nacht, der kurzgeführte Hebel, der Schnellhebel sowie der Pouliche zur Anwendung.

- Der langgeführte Hebel eignet sich besonders gut für die beiden Hefegebäcke Panettoni und Gugelhopf. Die lange Liegezeit erbringt in erster Linie eine geschmackliche Verbesserung und gleichzeitig einen guten Frischhalteeffekt.
- Der kurze Vorteig wird oft bei der Ostertaube und ähnlichen Gebäcken eingesetzt.
- Ein Schnellhebel dient beim sehr schweren Dresdener Stollen der Vorquellung des Kleberanteils. Dadurch entstehen viel plastischere Teige, was sich in besseren Volumen ausdrückt.
- Der Pouliche als extrem weicher Vorteig fördert vornehmlich die sogenannte lange Teigstruktur und bringt eine höhere Feuchtigkeit in die Endprodukte. Der Pouliche wird heutzutage mit grossem Erfolg bei Zopfteig-Gebäcken, Butterstengeli, Fastenwähen usw. eingesetzt.

Die direkte Triebführung

Für sämtliche reichhaltigen Hefeteige, deren Zutaten nicht extrem hoch liegen und deren allfällige Früchtebeigaben eher gering sind, wird die direkte Führung bevorzugt.
Dies betrifft die Teige für grosse Brioches, Streuselkuchen, Dreikönigskuchen, Mozartzopf, Weihnachtsstollen, Neuenburger Taillaules u. a. m.

Die Stockgare

Im Interesse einer gesunden Teigentwicklung und der beinahe parallel verlaufenden Aromabildung sollte bei allen Teigen die Stockgare mindestens 60 Minuten betragen. Eine Ausnahme bildet hier eigentlich nur der Zopfteig, bei dem eine viertelstündige Stockgare genügt, damit das Aufarbeiten vor dem Zähewerden der Stränge erfolgen kann.

Das Aufarbeiten

Beim Aufarbeiten verlangen die mit vielen Früchten und Nüssen belasteten Teige besondere Geschicklichkeit. Bereits beim Abwägen der entsprechenden Teigstücke ist ein sorgfältiges Vorgehen wichtig, denn eine Zerstückelung des Teiges wirkt sich beim anschliessenden Aufarbeiten nachteilig aus. Ganz speziell muss darauf geachtet werden, dass beim Aufdrehen der Teigstücke eine glatte Oberfläche entsteht und auch erhalten bleibt, ohne dass die Früchte austreten.

Das Backen

Im allgemeinen sind reichhaltige Hefegebäcke durchwegs in eher mildem Ofen und zumeist ohne Dampf bei geöffnetem Zug zu backen. Dieses Vorgehen hat verschiedene Gründe.

- Zuckerreiche Teige färben rascher.
- Bei Teigen mit hohem Butteranteil befindet sich praktisch während des ganzen Backprozesses flüssige Butter zwischen Gebäcken und Blechen. Diese, wenn auch nur kleinen Mengen, werden in Kürze überhitzt und führen zum Aufbrennen der Gebäcksböden.
- Zahlreiche Hefegebäcke werden vor dem Backen mit Puderzucker bestaubt oder mit einer makronenähnlichen Masse überstrichen. Bei zu hoher Anfangstemperatur könnte beides abgeflämmt werden. Gleichermassen verhält es sich bei aufgestreuten Nüssen und Kernen.

Das Bild zeigt von links nach rechts ein einwandfrei aufgearbeitetes Stück aus intensiv bearbeitetem Teig. Daneben ist das Resultat eines zu stark forcierten Wirkens bei einem gut bearbeiteten Teig zu sehen. Die Früchte haben die Teighaut mit ihren zum Teil scharfen Kanten durchstossen und verbrennen in der Folge beim Backprozess. Beim Teigstück rechts liegt ein zu wenig bearbeiteter Teig vor, bei welchem sich trotz sorgfältigem Wirken keine glatte Oberfläche ergibt und die Früchte kaum zu halten vermag.

- Ein allzu schnelles Anbacken bei Hefegebäcken wie Panettoni, grosse Brioches u. ä. hätte das Einsinken und allenfalls Speckigwerden zur Folge.

Um eine Kondenswasserbildung an den Böden zu vermeiden, sind die Hefegebäcke sofort nach dem Ausbacken auf Gitter zu plazieren.

Die Wirkung der Zutaten auf den Hefeteig

Zutaten zum Hefeteig wie Milch, Butter und Fettstoffe, Eier, Zucker, Trockenfrüchte ergeben eine Qualitätsverbesserung der Gebäcke, sofern sie in der optimalen Menge zugefügt werden. Sie beeinflussen ausserdem die Teigbeschaffenheit, die Triebkraft und den Backverlauf.
Ihre Wirkung ist in der folgenden Tabelle zusammengefasst:

Zutaten	Teigbereitung	Triebführung	Backprozess	Gebäcksqualität
1. Frischmilch	feine Struktur — Fettanteil, Fettverteilung zähere Beschaffenheit — Kleberanregung durch Mineralsalze — Teig gut auskneten	leicht gehemmt — Mineralsalzwirkung auf die Hefe — Hefebeigabe erhöhen	leicht verringerter Ofentrieb kräftigere Krustenfärbung — Milchzuckeranteil — mässig warmer Ofen	zarte Kruste lebhafte Farbe feine, regelmässige, helle Krume ausgeprägter Geruch und Geschmack verlängerte Frischhaltung
2. Butter und Fettstoffe	sehr feine Struktur plastische Beschaffenheit	gehemmt bei zunehmender Beigabenmenge — Stoffwechsel der Hefe — Hefebeigabe erhöhen	verringerter Ofentrieb intensivere Krustenfärbung	lebhafte Farbe mürbe, zarte Kruste feine Krumenstruktur regelmässige, helle Krume vollaromatisch sehr gute Frischhaltung
3. Eier	feine Struktur — emulgierende Wirkung	leicht gehemmt bei zunehmender Beigabenmenge — Stoffwechsel der Hefe — Hefebeigabe erhöhen gute Gärtoleranz — emulgierende Wirkung, Gashaltevermögen	intensivere Krustenfärbung	lebhafte Farbe zarte Krustenbeschaffenheit stärkere Krumenfärbung feinere Porung typische Geschmacksnote
4. Zucker	kaum merkbare Wirkung	gehemmt über 200 Gramm per Kilo Mehl — Stoffwechsel der Hefe triebfördernd bis 200 g — Hefenahrung	schnelle Bräunungsreaktion	intensive Farbe feuchtere Krume Geschmacksabrundung
5. Trockenfrüchte	weniger lange Teigstruktur — Teigbildung erschwert — spätere Beigabe	Anfangstrieb beschleunigt — Fruchtzucker als direkte Hefenahrung	im Randbereich ungünstig — schnelles Hartwerden — starke Bräunung	charakteristische Gebäckseigenschaften gute Frischhaltung

Königskuchen

Aktionsgebäck des Schweizerischen Bäcker-Konditorenmeister-Verbandes

Grosse Hefegebäcke, ungefüllt

Teig

1 000 g	Milch
150 g	Hefe
50 g	Levit
10 g	Malz
150 g	Zucker
40 g	Salz
100 g	Eier
	Zitronenraps
350 g	Butter
150 g	Mandelmasse
2 000 g	Weissmehl
300 g	Sultaninen

Herstellung

Hefe, Levit, Malz und Zucker in der kalten Milch auflösen und mit dem Mehl zu einem fein bearbeiteten Teig kneten. Das Salz mit den Eiern und dem Zitronenraps verrühren, allmählich beigeben, sodann die Butter und die Mandelmasse hinzufügen. Weiterkneten bis der Teig dehnbar und plastisch ist. Zuletzt noch die im Wasser eingeweichten und abgetropften Sultaninen sorgfältig hinzumischen. Die Stockgare beträgt 60 bis 90 Minuten.

Aufarbeiten

Das Mittelstück und die Kranzteile straff wirken und auf leicht gefettete Bleche locker zusammensetzen. Pro Kuchen ein Königsfigürchen in einen der Kranzteile stecken, welche rund um das Mittelstück plaziert sind. Die Kuchen nach guter Gare mit Ei bestreichen. Das Mittelstück und nach Belieben auch die Kranzteile mit weissen, gehobelten Mandeln bestreuen. In mildem Ofen bei offenem Zug hell backen. Die Verkaufswirkung wird durch das Ausschmücken der Königskuchen mit einer Krone wesentlich erhöht.

Grösse der Kranzteile

Sechsteiliger Kuchen	
Teig Mittelstück	90 g
Teig Kranzteile à 40 g	240 g
Gewicht total	330 g
Achtteiliger Kuchen	
Teig Mittelstück	160 g
Teig Kranzteile à 40 g	320 g
Gewicht total	480 g
Zehnteiliger Kuchen	
Teig Mittelstück	230 g
Teig Kranzteile à 40 g	400 g
Gewicht total	630 g

1.-August-Weggen

Aktionsgebäck des Schweizerischen Bäcker-Konditorenmeister-Verbandes

Teig

1000 g Milch
100 g Hefe
30 g Levit
20 g Malz
50 g Salz
100 g Eier
250 g Butter
1900 g Weissmehl

Herstellung

Die Zutaten zu einem gutgekneteten Teig verarbeiten. Den Teig möglichst kühl führen. Stockgare 30 Minuten.

Aufarbeiten

Teigstücke von 90 g oder 240 g rund aufwirken und auf Bleche absetzen. Die Stücke auf Gare stellen, dann mit Ei bestreichen und an der Kühle etwas abstehen lassen. Vor dem Backen mit der Schere, entsprechend der Strichzeichnung, ein Kreuz schneiden. Die 1.-August-Weggen in mittelwarmem Ofen ohne Dampf goldgelb ausbacken.

Anleitung zum Schneiden des Schweizerkreuzes
(mit Schere):

Neuenburger Taillaule

Rezept

1000 g Milch
150 g Hefe
50 g Levit
20 g Malz
400 g Zucker
40 g Salz
300 g Eier
Zitronenraps
300 g Butter
2300 g Weissmehl
300 g Orangeat/Zitronat
50 g Rum

Herstellung

Die Zutaten zu einem feingekneteten Teig verarbeiten. Nach zwei Dritteln der Knetzeit die Butter beifügen. Ganz am Schluss noch das Orangeat/Zitronat sorgfältig daruntermischen. Den Teig 60 bis 90 Minuten an der Kühle gären lassen.

Aufarbeiten

Die abgewogenen Stücke zuerst rund und nachher halblang auf die Grösse der Cakesformen aufarbeiten. In die gefetteten Formen legen. Nach mittlerer Gare etwas an der Kälte abstehen lassen. Vor dem Backen mit Ei bestreichen und mit der Schere schneiden (Taillaule-Schnitt). In mildem Ofen ohne Dampf backen.

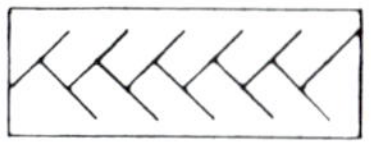

Gugelhopf

Makronen-Stollen

Hebel
(Gärdauer 8 Stunden)

500 g Wasser
30 g Hefe
700 g Weissmehl

Teig

1 200 g Hebel
500 g Milch
150 g Hefe
30 g Malz
400 g Zucker
30 g Salz
300 g Eigelb
Zitronenraps
500 g Butter
1 500 g Weissmehl
750 g Sultaninen*
100 g Rum

* Zur Geschmacksbildung die Sultaninen am Vorabend in Rum einlegen.

Herstellung

Hefe, Malz und Zucker in der Milch gut auflösen. Den Hebel mit den übrigen Zutaten, jedoch ohne Eigelb, Salz, Butter und Sultaninen, zu einem gut bearbeiteten Teig kneten. Das Salz mit dem Eigelb und Zitronenraps verrühren, sukzessive beigeben. Dem gut gekneteten Teig die Butter beifügen, wenn dieser fein und geschmeidig gearbeitet ist noch die Früchte sorgfältig daruntermischen. Die Gärdauer am Stock beträgt ca. 90 Minuten.

Aufarbeiten

Die abgewogenen Teigstücke rund aufwirken. Mit einem Rollholz in der Mitte ein Loch ausdrehen und Teigringe mit Schluss nach oben in mit Butter ausgestrichene Formen legen. Nach guter Gare leicht mit Wasser bestreichen oder besprühen und in mässiger Hitze mit Dampf backen. Nach dem Backen auf Gitter kehren, erkalten lassen und dann leicht mit Puderzucker stauben.

Teig

1 000 g Milch
150 g Hefe
40 g Levit
20 g Malz
300 g Zucker
50 g Salz
400 g Eier
Zitronenraps
300 g gemahlene, weisse Mandeln
300 g Butter
2 400 g Weissmehl

Dresdener Stollen

Herstellung

Alle Zutaten, mit Ausnahme der Butter, zu einem feinen Teig kneten, die Butter erst zuletzt beifügen und zirka eine Stunde an der Kühle auf Gare stellen.

Makronen-Glasur

200 g Frisch-Eiweiss
150 g Zucker
300 g weisse, gemahlene Mandeln

Zusammen mischen, jedoch nicht schaumig rühren.

Aufarbeiten

Der Formengrösse entsprechende Teigstücke abwägen, vorerst rund, dann nach kurzer Entspannung länglich wirken und in die Formen legen. Die Stücke nach Dreiviertelgare mit Makronen-Glasur bestreichen und mit einer scharfen Klinge die Oberfläche rautenförmig einschneiden. Anschliessend leicht mit Puderzucker stauben und ohne Dampf in mildem Ofen goldgelb backen.

Hebel
(Gärdauer ca. 30 Minuten)

1 000 g Milch
250 g Hefe
1 800 g Weissmehl

Teig

3 000 g Hebel
500 g Milch
30 g Salz
500 g Zucker
40 g Stollen-Gewürzmischung
1 750 g Butter
2 500 g Weissmehl
3 500 g Sultaninen
500 g Orangeat/Zitronat
500 g Mandeln, roh, gehackt
150 g Rum

Gewürzmischung

200 g Vanillezucker
50 g Muskat, gemahlen
150 g Kardamomen, gemahlen
50 g Pfeffer

Gut miteinander vermischen.

Herstellung

Die Früchte am Vortag waschen und mit dem Rum vermischen. Den Hebel mit den übrigen Zutaten, jedoch vorerst nur mit 1/3 des Butterquantums und ohne Früchte sehr gut kneten. Dann einen weiteren Drittel Butter beigeben und wenn der Teig geschmeidig ist, den Rest hinzufügen. Nach guter Bearbeitung die Früchte sorgfältig daruntermischen.
Gärdauer am Stock 20 bis 30 Minuten.

Aufarbeiten

Die abgewogenen Teigstücke zu einem länglichen, fast rechteckigen Stück formen. Diese auf Tücher mit Schluss nach oben absetzen. Nach kurzer Liegezeit zweimal der Länge nach gut drücken, überlegen und auf mit Silikonpapier belegte Bleche absetzen. Nach mittlerer Gare in mittelwarmem Ofen mit Dampf backen.
Die Stollen anschliessend noch heiss in warmer Butter tunken. Nach vollständigem Erkalten in Feinkristallzucker drehen, anderntags noch mit Puderzucker (behandelt, nicht knollend) überpudern.

Panettone mit Sauerteig

1. Teig

950 g Sauerteig-Satz
1 200 g Wasser
475 g Butter
560 g Zucker
440 g Eigelb
2 500 g Weissmehl

Wasser, Zucker und Mehl mit dem reifen Hebel sehr intensiv bearbeiten. Eier und Butter nach und nach beigeben. Den Teig bei einer Temperatur von 25 bis 30°C etwa 7 bis 8 Stunden stehen lassen. In dieser Zeit soll sich das Volumen des Teiges verdoppeln.

2. Teig

8 200 g 1. Teig
1 000 g Wasser
560 g Zucker
50 g Salz
500 g Eigelb
Fiori di Sicilia
Zitronenraps
Vanille
475 g Butter
1 400 g Weissmehl
625 g Cedrat oder Orangeat
3 100 g Sultaninen

Den zweiten Teig gleich wie den ersten bearbeiten. Solange kneten, bis er sich hauchdünn ausziehen lässt. Erst dann die Früchte beigeben.
Stockgare 90 Minuten.
Stückgare 4 bis 5 Stunden.

Panettone mit Hefe

Hebel
(Gärdauer 8 bis 10 Stunden)

500 g Wasser
20 g Hefe
800 g Weissmehl

Teig

1 300 g Hebel
500 g Wasser
100 g Hefe
20 g Malz
500 g Zucker
40 g Salz
600 g Eigelb
Fiori di Sicilia
Zitronenraps
500 g Butter
2 000 g Weissmehl
800 g Sultaninen
400 g Cedrat oder Orangeat, gehackt

Herstellung

Hefe, Malz und Zucker im Wasser auflösen, mit dem Hebel und dem Mehl kneten. Das Salz mit dem Eigelb und den Aromen verrühren und nach und nach beigeben. Die Butter erst dem gut gekneteten Teig zufügen. Den Teig solange bearbeiten, bis er voll entwikkelt ist und sich hauchdünn ausziehen lässt. Ganz am Schluss die Früchte sorgfältig daruntermischen.
Stockgare 3 Stunden.

Aufarbeiten

Teigstücke abwägen und sorgfältig rund vorwirken.
In Zeitabständen von ca.
30 Minuten diese Stücke noch zweimal aufdrehen und dann in die speziellen Panettone-Papierformen absetzen.
Stückgare 3 bis 4 Stunden.
Die gut entwickelten Panettone mit scharfer Klinge übers Kreuz schwach schneiden und in die Mitte ein Stück Butter auflegen.
Dann in gut warmen Ofen einschiessen und nach ca.
2 Minuten, wenn sich eine Haut gebildet hat, herausnehmen, die Hautspitzen sorgfältig aufreissen und an die alte Stelle zurücklegen.
Sofort in einem mittelwarmen Ofen umbacken und gut dämpfen. Wenn die Panettone voll entwickelt sind, den Dampfabzug öffnen und hell ausbacken.

Colomba di Pasqua (Ostertaube)

Hebel
(Gärdauer 7 bis 8 Stunden)

1 000 g Wasser
100 g Sauerteig-Satz
250 g Zucker
200 g Eigelb
1 700 g Weissmehl, ca.

Teig

3 200 g Hebel
1 000 g Wasser
100 g Hefe
40 g Malz
250 g Zucker
50 g Salz
200 g Eigelb
Vanille
Fiori di Sicilia
650 g Butter
3 000 g Weissmehl
600 g confierte Früchte
400 g grobe Mandeln

Teig mit Hefe

Hebel
(Gärdauer ca. 3 Stunden)

1 000 g Wasser
100 g Hefe
100 g Levit
1 200 g Weissmehl

Teig

2 400 g Hebel
1 000 g Milch
100 g Hefe
40 g Malz
400 g Zucker
50 g Salz
400 g Eigelb
Vanille
Fiori di Sicilia
600 g Butter
3 000 g Weissmehl
600 g confierte Früchte
400 g grobe Mandeln

Aufstreichmasse

350 g Frisch-Eiweiss
140 g Zucker
280 g Haselnüsse, fein gemahlen

Gut miteinander vermischen.

Herstellung

Diese Zutaten wie üblich zu einem feingekneteten Teig verarbeiten. Das Eigelb sukzessive beigeben, sodann die Butter hinzufügen, und die Früchte erst am Ende des Knetprozesses daruntermischen. Die Gärdauer am Stock beträgt 90 bis 120 Minuten.

Aufarbeiten

Aus rationalisierungstechnischen Gründen empfiehlt es sich, mit Formen zu arbeiten. Zwei der Form entsprechende gleichgrosse Teigstücke zuerst rund und dann länglich aufarbeiten. Darnach das eine Stück halbieren und die beiden Teile oval formen. Das grosse Stück der Länge nach als Körper in die Form legen, die beiden kleinen links und rechts als Flügel ansetzen. Nach kurzer Liegezeit die Oberfläche mit Aufstreichmasse bestreichen, 10 ganze Mandeln andrücken, als Auge eine halbe rote confierte Kirsche auflegen und mit Hagelzucker bestreuen. Zuletzt gut mit Puderzucker stauben und ohne Dampf in mittelwarmem Ofen hell ausbacken.

Mozartzopf

Teig

1 000 g Milch
150 g Hefe
30 g Levit
10 g Malz
200 g Zucker
30 g Salz
200 g Eier
300 g Butter
2 200 g Weissmehl
150 g fein gehacktes Orangeat/Zitronat

Herstellung

Hefe, Levit, Malz und Zucker in der Milch auflösen und mit dem Mehl mischen. Das Salz mit den Eiern verrühren und dem Teig beigeben. Die Butter erst dem feingearbeiteten Teig dazugeben und zuletzt die fein gehackten Früchte einarbeiten. Den Teig sofort aufarbeiten.

Aufarbeiten

8 gleiche Teigstücke von 100 g zu spindelförmigen Strängen rollen und flechten (siehe Seite 177). Bei mittlerer Gare an der Kühle abstehen lassen. Vor dem Backen mit Ei bestreichen und in mildem Ofen bei offenem Zug backen. Noch heiss aprikotieren, glasieren und mit gehobelten Mandeln garnieren.

Bündner Pitta

Hebel

1 000 g Wasser
150 g Hefe
100 g Levit
2 400 g Weissmehl

Masse

2 600 g Hebel
400 g Butter
200 g Zucker
200 g Mandelmasse 1:1
250 g Eier
40 g Salz
Zitronenraps
Vanille
1 000 g Sultaninen

Herstellung

Hefe und Levit im Wasser auflösen, mit dem Mehl zu einem Teig verarbeiten und ca. 40 Minuten gären lassen. Inzwischen die übrigen Zutaten ohne Sultaninen schaumig rühren und die Masse dem Teig sukzessive beigeben. Am Schluss noch die Sultaninen hinzufügen.
Stockgare ca. 60 Minuten.

Aufarbeiten

300-g-Teigstücke rund aufwirken, leicht ausrollen und in Alubleche oder Ringe von 18 cm Durchmesser legen. Bis zum Rand andrücken, nach guter Gare mit Ei bestreichen und gut stupfen. Pro Kuchen 20 g Mandelstäbchen und 30 g Hagelzucker aufstreuen, mit Puderzucker stauben und in mildem Ofen ohne Dampf hell ausbacken.

Hefesüssteig-Zöpfe

Hefesüssteig

1 000 g Milch
150 g Hefe
50 g Levit
20 g Malz
200 g Zucker
40 g Salz
100 g Eier
Zitronenraps
Vanille
200 g Butter
2 000 g Weissmehl

Herstellung

Hefe, Levit, Malz und Zucker in der Milch auflösen und mit dem Mehl zu einem gutbearbeiteten Teig kneten. Salz, Eier und Aromen zusammen verrühren und dem Teig sukzessive beigeben. Zuletzt noch die Butter zufügen und den Teig sofort aufarbeiten.

Aufarbeiten

200-g-Teigstücke zu spindelförmigen Strängen rollen. Je drei oder vier Stränge zu einem spindelförmigen Zopf flechten (siehe Seiten 166 bis 169) und auf Bleche absetzen. Nach mittlerer Gare an der Kühle abstehen lassen, mit Ei bestreichen und in mildem Ofen bei offenem Zug backen. Noch heiss aprikotieren, glasieren und mit gehobelten Mandeln oder Hagelzucker bestreuen.

Füllungen

Grosse Hefegebäcke, gefüllt

Braune Füllung I

1 000 g Mandeln oder Haselnüsse, feingemahlen
800 g Zucker
200 g Glukose
10 g Zimt
500 g Wasser

Die Zutaten mit der Hälfte des Wassers feinreiben. Anschliessend mit Wasser auf die gewünschte Festigkeit verdünnen.

Braune Füllung II

1 000 g Mandeln oder Haselnüsse, feingemahlen
300 g Biscuit-Schraps
5 g Zimt
2 Zitronenraps
600 g Zucker
600 g Wasser, ca.

Zucker und Wasser aufkochen und mit den übrigen Zutaten vermischen.
Die Füllung bleibt auf diese Art länger feucht.

Weisse Füllung 1:1

1 000 g weisse Mandeln
1 000 g Zucker
400 g Wasser

Die Zutaten feinreiben, sodann die Masse mit Eiweiss oder Wasser bis zur gewünschten Festigkeit verdünnen. Mit Zitronenraps und Kirsch abschmecken.

Streuselkuchen

Teig

1 000 g Milch
150 g Hefe
50 g Levit
20 g Malz
150 g Zucker
40 g Salz
200 g Eier
Zimt
Zitronenraps
250 g Butter
2 100 g Weissmehl

Herstellung

Die Zutaten auf übliche Art zu einem gutbearbeiteten Teig kneten und ca. 60 Minuten kühl am Stock gären lassen.

Streusel

1. Butterstreusel

300 g Weissmehl
300 g Zucker
250 g Butter

2. Haselnussstreusel

150 g Weissmehl
150 g feingemahlene Haselnüsse
300 g Zucker
225 g Butter

Herstellung der Streusel

Die Butter zuerst etwas geschmeidig arbeiten und nachher mit den übrigen Zutaten vermischen und verreiben, bis die Masse kompakt ist. Die Masse nicht zu lange bearbeiten, da sie sonst «brandig» wird. Einige Zeit zum Erstarren in den Kühlschrank stellen und hierauf durch ein grobes Sieb von 5 mm Maschenweite streichen.

Aufarbeiten

Teigstücke rund aufwirken und anschliessend ausrollen. In entsprechende Ringe abfüllen und gut mit der Gabel stupfen. Nach mittlerer Gare etwas abstehen lassen, mit Ei bestreichen und mit Streusel überstreuen. In mittlerer Hitze ohne Dampf backen. Nach dem Erkalten aufschneiden und mit Diplomat-Creme (z. B. Vanillecreme/Schlagrahm 2:1) füllen. Mit Puderzucker stauben.

Bienenstich

Teig

Wie Streuselkuchen.

Aufstreichmasse

200 g Butter
150 g Honig
100 g Zucker
50 g Glukose
Zitronenraps
aufkochen

300 g Mandeln, weiss, gehobelt

Die Mandeln den aufgekochten Zutaten beimischen.

Herstellung

Teigstücke rund aufwirken und anschliessend rund ausrollen. In entsprechende Ringe abfüllen und gut mit der Gabel stupfen. Nach mittlerer Gare an der Kühle abstehen lassen. Sodann die etwas abgekühlte Masse nicht zu dick, aber gleichmässig aufstreichen. In mildem Ofen ohne Dampf ausbacken. Nach dem Erkalten aufschneiden und mit Diplomat-Creme (z. B. Vanillecreme/Schlagrahm 2:1 mit Kirsch parfümiert) füllen.

Party-Nussgipfel

Teig

1 000 g Milch
150 g Hefe
50 g Levit
20 g Malz
200 g Zucker
40 g Salz
100 g Eier
Zitronenraps
Vanille
200 g Butter
2 000 g Weissmehl

Herstellung

Hefe, Levit, Malz und Zucker in der Milch auflösen und mit dem Mehl zu einem Teig kneten. Das Salz mit den Eiern verrühren und beifügen. Zuletzt die Butter dazugeben und den Teig sehr gut kneten. Stockgare ca. 1½ Stunden.

Aufarbeiten

Teigstücke von 300 g abwägen und nach kurzer Ruhezeit zu grossen Dreiecken ausrollen. Pro Gipfel 200 g Haselnuss- oder Mandelfüllung aufstreichen. Dann aufrollen, auf Bleche absetzen und gären lassen.
Vor dem Backen mit Ei bestreichen, evtl. leicht stupfen und in mildem Ofen mit Dampf backen. Den Party-Nussgipfel noch heiss aprikotieren, glasieren und mit gehobelten, gerösteten Mandeln garnieren.

Carré-Stollen

Teig

1 000 g Milch
200 g Hefe
50 g Levit
20 g Malz
400 g Zucker
50 g Salz
200 g Eier
Zitronenraps
600 g Butter
2 400 g Weissmehl
400 g Mandeln, fein, weiss

Herstellung

Die Zutaten wie üblich zu einem Teig verarbeiten. Salz und Eier verrühren und beigeben. Den Teig sehr gut kneten. Bei Hälfte des Knetprozesses die Butter und am Schluss noch die gemahlenen Mandeln beifügen.
Gärdauer am Stock 60 bis 90 Minuten.

Füllung

1 500 g Haselnüsse oder Mandeln
600 g Orangeat
1 200 g Zucker
600 g Wasser

Fein reiben und mit Wasser zu einer gut streichgfähigen Masse verdünnen.

Aufarbeiten

Teigstücke auf eine Grösse von 25 × 30 cm ausrollen, mit Füllung bestreichen. Die Stücke der Länge nach zweimal überlegen und auf Bleche oder in Formen legen. Nach guter Gare zweimal mit Ei bestreichen, mit einer Klinge carréförmig einschneiden und in mildem Ofen ohne Dampf hell ausbacken.

Birnenweggen

Teig
(touriert)

1 000 g Weissmehl
400 g Butter
25 g Salz
30 g Hefe
10 g Malz
50 g Zucker
350 g Wasser

Herstellung

Mehl, Butter und Salz miteinander grob verreiben. Mit den übrigen Zutaten zu einem Teig vermischen. Nacheinander drei einfache Touren geben und an der Kühle 40 bis 50 Minuten gären lassen.

Füllung
(Birnenmasse)

1 000 g Birnen, gedörrt, gekocht
400 g Feigen
200 g Zwetschgen, gedörrt, gekocht
100 g Apfel- oder Aprikosenmarmelade
100 g Zucker
50 g Birnbrotgewürz
100 g Birnen-Träsch
200 g Sultaninen oder Korinthen

(Evtl. gehackte Baumnüsse auf die verstrichene Füllung streuen.)

Herstellung

Birnen und Zwetschgen kochen und mit den Feigen durch den Scheffel drehen. Dann die übrigen Zutaten beifügen. Mit Birnwasser (Wasser, in welchem die Birnen gekocht wurden) streichfähig verdünnen.

Birnenbrot-Gewürzmischung

100 g Anis, gemahlen
100 g Zimt
50 g Nelken
50 g Muskat
50 g Koriander

Aufarbeiten der Birnenweggen

Teig 2 mm dick ausrollen und in gewünschte Grössen schneiden. Füllung im Verhältnis 1:1 aufstreichen oder aufdressieren, evtl. gehackte Baumnüsse aufstreuen. Die beiden Längsseiten in die Mitte legen und mit Schluss nach unten auf Bleche absetzen. Sofort mit Ei bestreichen und gären lassen. Vor dem Backen nochmals mit Ei bestreichen, mit der Gabel zeichnen, stupfen und in mittelwarmem Ofen bei offenem Zug hell ausbacken.

Bündner Birnenbrot

Bündner Birnenbrot unterscheidet sich von anderen Sorten dadurch, dass die gedörrten und geschnittenen Birnen nicht gekocht, sondern während 12 bis 18 Stunden in das Rosenwasser und den Träsch eingelegt werden.

Birnenmasse

3000 g Ruchbrotteig, gut reif
3000 g gedörrte, gereinigte Birnen
750 g Feigen
250 g Orangeat
250 g Zitronat
250 g Cedrat
(gedörrte Birnen bis Cedrat: mit der Hobelmaschine in kleine Scheiben schneiden)
750 g Sultaninen
750 g Birnen-Träsch (Branntwein)
750 g Rosenwasser
750 g Baumnüsse
40 g Birnenbrot-Gewürzmischung

Birnenbrot-Gewürzmischung

200 g Zimt
100 g Sternanis
150 g Anis
10 g Pfeffer

Herstellung

Sämtliche Früchte mit dem Birnen-Träsch und Rosenwasser übergiessen, gut mischen und zugedeckt ca. 12 bis 18 Stunden ziehen lassen. Mit dem gut reifen Brotteig und dem Gewürz vermischen, bis eine homogene Masse entsteht. Eventuell noch 2 bis 3 dl Wasser beifügen. Zuletzt die Baumnüsse darunterziehen. Diese Teigmasse ca. 90 bis 120 Minuten ruhen lassen.

Teig zum Einschlagen

1000 g Milch
80 g Hefe
20 g Malz
100 g Zucker
40 g Salz
100 g Butter
1600 g Weissmehl

Die Zutaten wie üblich zu einem gut gekneteten Teig verarbeiten. Er reicht aus, um nebenstehende Masse einzuschlagen und zwar im Verhältnis:

900 g Birnenmasse
200 g Einschlagteig
oder
450 g Birnenmasse
100 g Einschlagteig

Aufarbeiten

Von der Teigmasse 450-g- oder 900-g-Stücke abwägen und diese ca. 16 cm bzw. 24 cm lang viereckig formen. Die Stücke auf gut gestaubte Bretter absetzen und zugedeckt 90 bis 120 Minuten liegen lassen. Diese anschliessend wie folgt in nebenstehenden Teig einwickeln:
Den abgewogenen Teig zuerst länglich vorwirken, dann rechteckig nicht zu gross ausrollen. Die Stücke mit Wasser bestreichen und die gut vom Mehl befreite Birnenmasse auflegen. Den Teig von allen Seiten über die Masse ziehen und gut verschliessen. Nochmals ca. 10 bis 15 Minuten gären lassen, darnach mit Ei bestreichen. Mit der Gabel zeichnen und stupfen. Bei ca. 210°C je nach Grösse 40 bis 50 Minuten und ohne Dampf backen. Die Türe während den ersten 20 Minuten nicht öffnen, ansonst das Birnenbrot gerne aufreisst. Am folgenden Tag in Schrumpffolien einpacken. Auf diese Art bleiben die Brote über Wochen frisch.

Glarner Birnenbrot

Birnenmasse

2000 g Ruchbrotteig, gut reif
2000 g gedörrte Birnen, gereinigt, gekocht (grob gehackt)
300 g Orangeat/Zitronat (grob gehackt)
300 g Feigen (grob gehackt)
200 g Baumnüsse (grob gehackt)
600 g Weinbeeren (grob gehackt)
600 g Zucker
200 g Kirsch, Rum oder Rotwein
40 g Anis, gemahlen
40 g Zimt
20 g Nelken
20 g Muskat, gemahlen

Herstellung

Den Brotteig mit den übrigen Zutaten zu einer mittelfesten Teigmasse vermischen. Nicht zu stark kneten, damit die Birnen als Stücke erhalten bleiben. Diese Masse 90 bis 120 Minuten gären lassen.

Teig zum Einschlagen

500 g Milch
50 g Hefe
10 g Malz
50 g Zucker
20 g Salz
50 g Butter
800 g Weissmehl

Diese Zutaten wie üblich zu einem gut gekneteten Teig verarbeiten. Er reicht aus, um nebenstehende Masse einzuschlagen und zwar im Verhältnis:

900 g Birnenmasse
200 g Einschlagteig
oder
450 g Birnenmasse
100 g Einschlagteig

Grosse Hefegebäcke aus touriertem Süssteig

Tourierte Hefeteige

Gebäcke aus tourierten Hefeteigen zählen zum Feinsten, was die Bäckerei hervorbringt. Das Wesentliche beim Herstellen dieser Teige ist die exakte Arbeitsweise sowohl in bezug auf das Einschlagen wie auch auf das Tourieren, die sich nur geringfügig von derjenigen des Blätterteiges unterscheidet.

Die verschiedenen Teigarten

Grundsätzlich unterscheidet man drei Arten von touriertem Hefeteig:

Teigart	Bekannteste Gebäcke
Gipfelteig	Parisergipfel, Kümmirollen
Hefesüssteig	hauptsächlich gefüllte grosse Hefestücksachen
Plunderteig	kleine und grosse Plundergebäcke

Teigherstellung

Bei allen drei Teigarten werden Hefe, Backmittel, Malz und Zucker in der sehr kalten Milch aufgelöst, das Salz mit den Eiern verrührt, mit den übrigen Zutaten und dem Mehl gut geknetet. Bei starken Mehlen ist eine etwas intensivere Bearbeitung zu empfehlen.
Unmittelbar nach dem Kneten werden die Teige in die zweckmässigste Touriergrösse aufgeteilt. Diese beträgt 1 bis 1,5 Liter bzw. 3,5 bis 5 kg Teig.
Anschliessend werden die Teigstücke rechteckig geformt und kurze Zeit an der Kälte abstehen gelassen.

Einschlagen

Prinzipiell muss die Konsistenz des einzuschlagenden Fettstoffes mit derjenigen des Teiges übereinstimmen. Zu festes Fett lässt sich kaum regelmässig auftragen, zu weiches Fett wird beim Tourieren herausgedrückt oder mit den Teigschichten weitgehend vermischt. Beides ergibt eine schlechte Trennwirkung und somit sehr unregelmässig gelockerte Gebäcke. Der Fettstoff wird regelmässig auf $^2/_3$ des rechteckig vorbereiteten Teiges verteilt, sodann der unbedeckte Teigdrittel über den Mittelteil geschlagen und mit dem dritten Teil überdeckt.

Tourieren

Der Teig erhält nun in kurzen Abständen drei einfache Touren. Dadurch wird eine wechselweise Teig-Fettstoff-Schichtung zum Zweck einer blättrigen, luftigen Gebäcksstruktur erzielt. Zwei Aspekte sind beim Tourieren sehr bedeutungsvoll: die Teigausrolldicke und die Anzahl der Touren. Im Endeffekt bestimmen beide die Schichtungsdicke und die Lockerung.
Um ein Zerreissen oder Zerdrücken der Fettschichten zu vermeiden, ist ein stufenweises, also nicht zu rasches Ausrollen auf die ideale Tourierdicke hinunter sehr wichtig.

Tourierdicke

Die Bilder veranschaulichen Backproben aus Gipfelteig, welche basierend auf einer Teigmenge aus 1 Liter Flüssigkeit auf 6 bis 14 mm drei einfache Touren erhalten haben.

Back-probe	Tourier-dicke mm	Auswirkung auf die Gebäcke
a	6	zu feine Schichtung, Verlust an Blättrigkeit, weich
b	8	gut, jedoch untere Grenze
c	10	ideale, typische Schichtung und Blättrigkeit
d	12	eher grobe Schichten mit leichter Tendenz zum Fettauslaufen
e	14	zu grob, Fettauslaufen, etwas hart und spröde

Ähnlich wie die Tourierdicke beeinflusst auch die Tourenzahl die Blättrigkeit des Gebäckes.

Tourenzahl

Wie sich mehr oder weniger Touren auf die Gebäcke auswirken, zeigen die Bilder der Backproben f bis k, welche auf 10 mm touriert wurden.

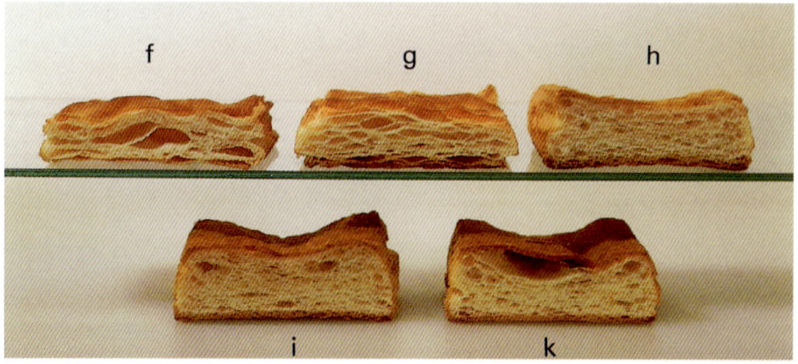

Back-probe	Touren-zahl	Auswirkung auf die Gebäcke
f	1	zu dicke Schichtung, starkes Auslaufen, Weggliteig ähnlich
g	2	immer noch zu dicke Schichten, leichtes Auslaufen, sehr unregelmässige Struktur
h	3	ideale Lockerung und Struktur
i	4	ebenfalls sehr gut
k	5	eher unregelmässige, verschlechterte Struktur gegenüber h und i

Tourierter Hefesüssteig

Teig

1 000 g	Milch
150 g	Hefe
30 g	Levit
20 g	Malz
200 g	Zucker
40 g	Salz
100 g	Eier
	Zitronenraps
100 g	Butter
2 000 g	Weissmehl
600 g	Butter zum Einschlagen

Herstellung

Hefe, Levit, Malz und Zucker in der kalten Milch auflösen und mit dem Mehl mischen.
Das Salz mit den Eiern und dem Zitronenraps verrühren und beigeben. Anschliessend die Butter hinzufügen und gut kneten.
Den Teig rechteckig ausrollen und die geschmeidig gearbeitete Butter gleichmässig auf 2/3 des Teiges verteilen und einschlagen. In Abständen von 10 bis 15 Minuten drei einfache Touren geben. Er kann bereits nach 30 bis 50 Minuten aufgearbeitet oder zugedeckt über Nacht (in diesem Fall nur 100 g Hefe pro Liter) kühlgestellt werden.

Russenzöpfe

Aufarbeiten

Teigstücke rechteckig ausrollen und mit brauner Mandel- oder Haselnussfüllung bestreichen. Einrollen und in der Mitte der Länge nach aufschneiden. Die beiden Teile mit Schnittfläche nach oben kreuzen und flechten. Auf Bleche legen oder in rechteckige Formen. Nach guter Gare die Stücke in mässig warmem Ofen backen. Noch heiss aprikotieren und glasieren. Etwas Hagelzucker oder gehobelte Mandeln aufstreuen.

Hefering

Aufarbeiten

Tourierten Hefeteig rechteckig ausrollen und mit brauner Füllung bestreichen. Mit Sultaninen bestreuen und aufrollen. Zu einem Ring formen und diesen mit Schluss nach oben in gefettete Ringformen legen. Gären lassen und in mittelwarmem Ofen mit Dampf backen. Stürzen, aprikotieren, glasieren und den Rand mit feinen Haselnüssen einstreuen.

Gefüllter Hefekranz

Aufarbeiten

Tourierten Hefeteig rechteckig ausrollen und der Länge nach in drei gleich breite Streifen schneiden. Mit glatter Tülle Mandelfüllung aufdressieren. Diese einrollen und flechten. Das geflochtene Stück auf ein Blech legen und zu einem Kranz formen. In der Mitte und rundherum einen Ring legen, gären lassen, mit Ei bestreichen und backen. Noch heiss aprikotieren und glasieren und mit gehobelten. leicht gerösteten Mandeln bestreuen.

Rollkuchen

Aufarbeiten

Tourierten Hefeteig rechteckig ausrollen, mit Mandelfüllung bestreichen und aufrollen. Daraus ca. 2,5 bis 3 cm breite Stücke schneiden und diese in eine Form oder einen Ring auf Bleche absetzen. Nach dem Gären mit Ei bestreichen und backen. Noch heiss aprikotieren und glasieren. Mit gehobelten, weissen Mandeln bestreuen.

Sonne

Herstellung

Tourierten Süssteig 3 mm dick ausrollen und davon runde Stücke von 24 cm Durchmesser ausstechen. Auf diese Böden je 200 g weisse Mandelmasse 1:1 aufstreichen, die Oberfläche mit Ei bestreichen und ein zweites Teigstück als Deckel auflegen. Den Rand ringsherum je 4 cm tief einschneiden, die einzelnen Teile (ca. 16) drehen und umlegen. Das ganze Stück mit Ei bestreichen und den Mittelteil mit Pinienkernen oder gehobelten Mandeln überstreuen. Nach guter Gare die überlegten Teile mit Ei bestreichen und in vorgedämpftem, mildem Ofen backen. Nach dem Backen den Mittelteil mit Puderzucker stauben, den äusseren Teil noch heiss aprikotieren und glasieren.

Hinweis: Bei grösserer Produktion kann die Mandelmasse zwischen Silikonpapier auf zirka 6 mm ausgerollt werden.

Piccadilly

Herstellung

Tourierten Süssteig 3 mm dick ausrollen und davon runde Stücke von 24 cm Durchmesser ausstechen. Auf diese Böden je 200 g Mandelmasse 1:1 aufstreichen, die Oberfläche mit Ei bepinseln und ein zweites Teigstück als Deckel auflegen. Mit einem Ring von 14 cm Durchmesser den Mittelteil markieren. In der Mitte sternförmig vier Einschnitte anbringen und das Ganze mit Ei bestreichen. Die durch das Einschneiden entstandenen Spitzen nach aussen überlegen und nochmals mit Ei bestreichen. In die Öffnung in der Mitte einen Ring legen. Nach guter Gare unter den Spitzen mit der Klinge stupfen, nochmals mit Ei bestreichen und in mittelwarmem Ofen hell ausbacken. Noch heiss aprikotieren, glasieren und mit acht confierten Kirschen ausgarnieren.

Weekendstollen

Herstellung

1 kg tourierten Süssteig zu einem Rechteck von 25 × 72 cm ausrollen. Darüber 500 g weisse Mandelmasse streichen, etwas confierte Früchte darüber streuen und aufrollen. Die Rolle in vier gleiche Stücke von ca. 18 cm schneiden und auf ein Silikonpapier belegtes oder gefettetes Backblech absetzen. Jedes Stück mit der Schere sieben- bis achtmal tief einschneiden und die so entstandenen Teile abwechslungsweise nach beiden Seiten versetzen. Die Stollen auf Gare stellen, dann mit Ei bestreichen und in mässiger Wärme hell ausbacken. Sofort nach dem Backen aprikotieren und glasieren.

Zopfgebäcke

Geschichtliches

Die beliebten Zopfgebäcke sind nicht nur in der Schweiz, sondern auch in vielen europäischen Ländern stark verbreitet. Weniger bekannt ist, dass die Zopfgebäcke ihren Ursprung einem uralten Kult, dem Frauen- oder Haaropfer, zu verdanken haben. In früheren Zeiten, so wollte es die Sitte beim Tode des Ehegatten, hatte die Frau ihm ins Grab zu folgen, um gemeinsam den Weg ins Jenseits antreten zu können. So lehrte die Überlieferung, wie später dieser barbarische Brauch nach und nach verschwand und anstelle des Menschenopfers das Haaropfer trat. Die Frauen schnitten ihre langen Zöpfe ab und legten sie dem toten Herrn und Gebieter ins Grab. Dafür zeugen verschiedene Beispiele aus der griechischen Literatur. So heisst es im «Ilias», dass die Sklaven den Leichnam mit ihren abgeschnittenen Haaren bedeckten. In Euripides Werk «Iphigenie auf Tauris» erwartete Orestes von seiner Schwester, dass sie sein Grab mit ihren Tränen und Haaren bedeckte.
Für das Wohl und die Gesundheit eines zu erwartenden Kindes opferten griechische Frauen ihr Haar der Göttin der Gesundheit «Hygieia». Selbst den alten Germanen war das Haaropfer nicht fremd. Später aber wurde bei ihnen das Abschneiden der Haare zum Zeichen der Unfreien und Knechte.
Ein Überbleibsel des Haaropfers bildet heute noch die Tonsur der Mönche und das Abschneiden der Haare vor der Einkleidung der Nonnen.
War das Haaropfer ein Ersatz früherer Menschenopfer, so wurde auch dieser Kult abgelöst, indem später anstelle des echten Haaropfers Nachbildungen aus Brot traten. Unter dem Einfluss des Christentums entstand dann im Frühmittelalter die Sitte, dieses Brot, anstatt ins Grab zu legen, an die Armen zu verteilen. Auf diese Weise entstanden die heute noch an vielen Orten üblichen «Seelenbrote» oder «Seelenzöpfe», die an Allerseelen oder Neujahr an Patenkinder und Arme verteilt werden. Mit der Zeit dienten auch andere Gebäcke, Kränze und Weggen als Seelenbrote.
Mit der Entwicklung des Bäckergewerbes wurde auch dieses Gebildbrot verfeinert. Anstelle von Brotteig trat ein Teig aus Weissmehl mit Zusätzen von Butter und für besondere Geschmacksrichtungen auch Eier, Zucker und Sultaninen. Früher waren die Zopfgebäcke ganz bestimmten Festtagen vorbehalten, wie Weihnachten und Neujahr. Heute findet man sie fast täglich in den Bäckereigeschäften.

Herstellung und Triebführung

Zur Erzielung von einwandfreien, schön präsentierenden Zöpfen ist die Rezeptzusammensetzung und die Triebführung von ausschlaggebender Bedeutung. Mit einer kurzen und kühlen Triebführung werden die besten Resultate erzielt. Je länger ein Teig liegt, desto schlechter lässt er sich aufarbeiten und um so geringer wird das Volumen. Die kühle Triebführung hat den Vorteil, dass die Teigstränge während des Aufarbeitens nicht verkrusten. Dies wirkt sich günstig auf den Trieb aus. Um dem Zopf einen kräftigen Geschmack zu verleihen empfiehlt sich mit einem Vorteig zu arbeiten oder die Beigabe eines Backmittels wie Levit. Die Verwendung von direkten Teigen über Nacht hat sich in bezug auf das Aussehen der Zöpfe nicht bewährt.

Die Zutaten

Sie haben nicht nur einen qualitativen Einfluss auf die Zöpfe, sondern auch auf deren Aussehen. Die Zutaten der folgenden Rezepturen sind ausgewogen, d.h. mehr Butter und Eier ergeben keine Verbesserung. Eine Eierbeigabe ergibt eine zartere Krumenstruktur und verfeinert die Kruste. Diese wird glatter und erhält einen wesentlich samtigeren Glanz. Die Ansicht, dass Eier die Zöpfe trockener werden lassen ist nicht erwiesen, dagegen können diese durch die feinere Struktur und das grössere Volumen etwas rascher austrocknen. Eine Zugabe von 20 bis 30 g Zucker pro Liter hält den Zopf länger frisch.

Die Herstellung und Behandlung der Teige

Vorteilhaft ist es, den Teig zuerst ohne Eier und Butterzusatz zu kneten. Diese Zutaten immer erst nach der eigentlichen Teigentwicklung sukzessive zufügen, um so einen geschmeidigeren und mürberen Teig zu erhalten. Zopfteige sind sehr gut zu bearbeiten. Die Knetzeit variiert nach der zur Verfügung stehenden Knetmaschine. Bei Normalknetmaschinen 15 bis 20 Minuten, bei Schnellknetern zirka 10 bis 12 Minuten.
Die Stockgare beträgt 60 Minuten.

Das Aufarbeiten der Zöpfe

Das schöne, gleichmässige Aufarbeiten der Stränge ist für Form und Aussehen der Zöpfe von grösster Wichtigkeit. Beim Flechten ist darauf zu achten, dass die einzelnen Stränge immer gleich straff geflochten werden. Auf diese Weise erhalten die Zöpfe einen schönen, gleichmässigen Riss. Vor dem Backen kurz nacheinander zweimal mit Ei anstreichen. Für ein ansprechendes Reissen der Gebäcke ist die richtige Stückgare massgebend. Sie soll eher knapp sein. Während dieser Zeit die Zöpfe mit Plastiktüchern decken. Auch das Abstehen derselben wirkt sich auf deren Ausreissen günstig aus.

Das Backen

Zum schönen Aussehen der Zöpfe trägt die richtige Ofentemperatur sehr viel bei. Ein zu kalter Ofen bewirkt ein Breitlaufen mit starker Rissbildung an der Oberfläche. Zopfgebäcke bei einer Temperatur von 225 bis 235° C, d.h. zirka 5 bis 10° C unter der Einschiesstemperatur für Brot backen und wenn möglich immer direkt auf dem Herd. Zöpfe bei offenem Zug einschiessen. Nach 5 Minuten Zug schliessen, dämpfen und bei Hälfte der Backzeit Zug wiederum öffnen. Die Teigsäure, die während der Gärung entsteht, löst auf dem Blech eine Oxydation aus, die sich beim Backen auf den Zopf überträgt und diesem einen unangenehmen Geschmack verleiht. Bei Alu- oder Chromstahlblechen ist dies weniger der Fall. Wo sich ein Backen auf Blechen nicht vermeiden lässt, sind die Zöpfe zum Auskühlen sofort auf Bretter umzusetzen.

Rezepte

Butterzopf

1000 g Milch
80 g Hefe
50 g Levit
20 g Malz
40 g Salz
100 g Eier
300 g Butter
1800 g Weissmehl

Vollkorn-Butterzopf

1000 g Wasser
60 g Hefe
50 g Levit
10 g Malz
30 g Salz
50 g Eier
500 g Butter
1700 g Vollkornmehl extra fein

Zopf aus zwei Strängen, flachgeflochten

Dieser Zopf ist hauptsächlich als Bauernzopf bekannt. Die Flechtart ergibt ein schönes Bild. Die mittlere Partie wird dabei ziemlich stark hervorgehoben und zeichnet sich rautenförmig aus.
Zwei gleichmässig ausgerollte Teigstränge übers Kreuz legen. Der untenliegend erste Strang über den oberen Strang legen und mit sich selber kreuzen. Dann den rechten Teil des zweiten Stranges über das rechte Ende des ersten legen. Die linke Seite besteht nun aus drei Strangteilen. Der äusserste Strang links wird nun unter dem danebenliegenden und über den nächsten Strang an den rechten Strang gelegt. Den äussersten rechten Strangteil wieder über den nächsten auf die linke Seite setzen, so dass auf der linken Seite wieder drei Stränge zu liegen kommen. Das Flechten nun wieder mit dem äussersten linken, wie beschrieben, fortfahren und die oben beschriebenen Züge von rechts und links wiederholen.

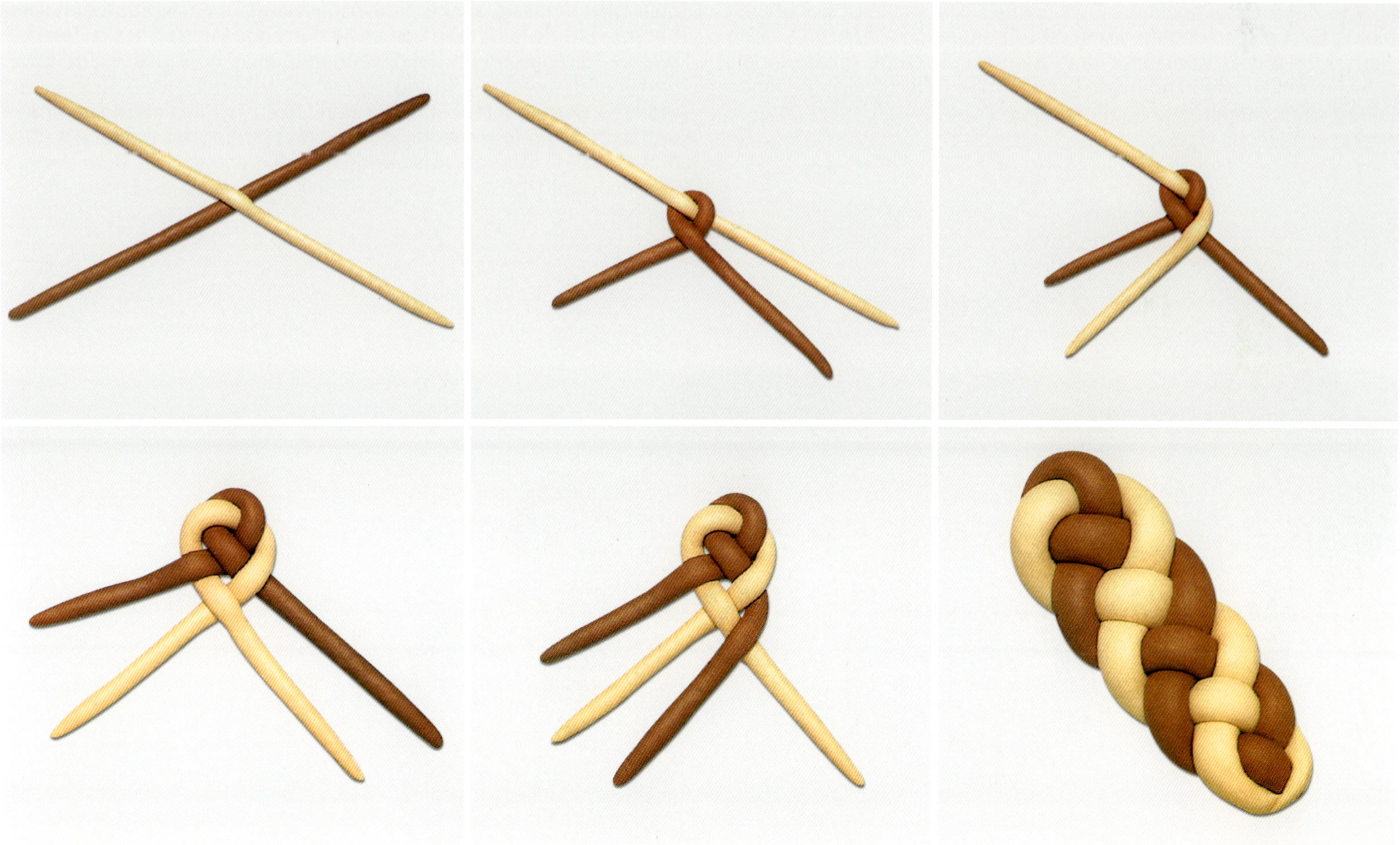

Zopf aus zwei Strängen, hochgeflochten

Dies ist der meistgeflochtene Zopf. Seine Flechtart bleibt sich überall gleich. Die Formen dagegen sind oft sehr unterschiedlich. Im Kanton Bern wird dieser Zopf breit und stumpf bevorzugt. In der Innerschweiz stellt man ihn breit und flach her. Die Ostschweizer dagegen lieben einen langen, dünngeflochtenen Zopf.

Zwei gleichmässig ausgerollte Zopfstränge übers Kreuz legen. Den unteren Strang fasst man nun an beiden Enden und zieht sie über den zweiten Strang, indem das Strangende links über das rechte Ende und über den zweiten Strang geführt wird. Beim zweiten Strang fährt man mit dem rechten Teil über den linken Teil des ersten Stranges und dem linken Teil sowohl über den rechten Teil des ersten wie über den eigenen Strang. Dann folgt wieder der Zug mit dem ersten, anschliessend mit dem zweiten Strang, bis der Zopf zu Ende geflochten ist.

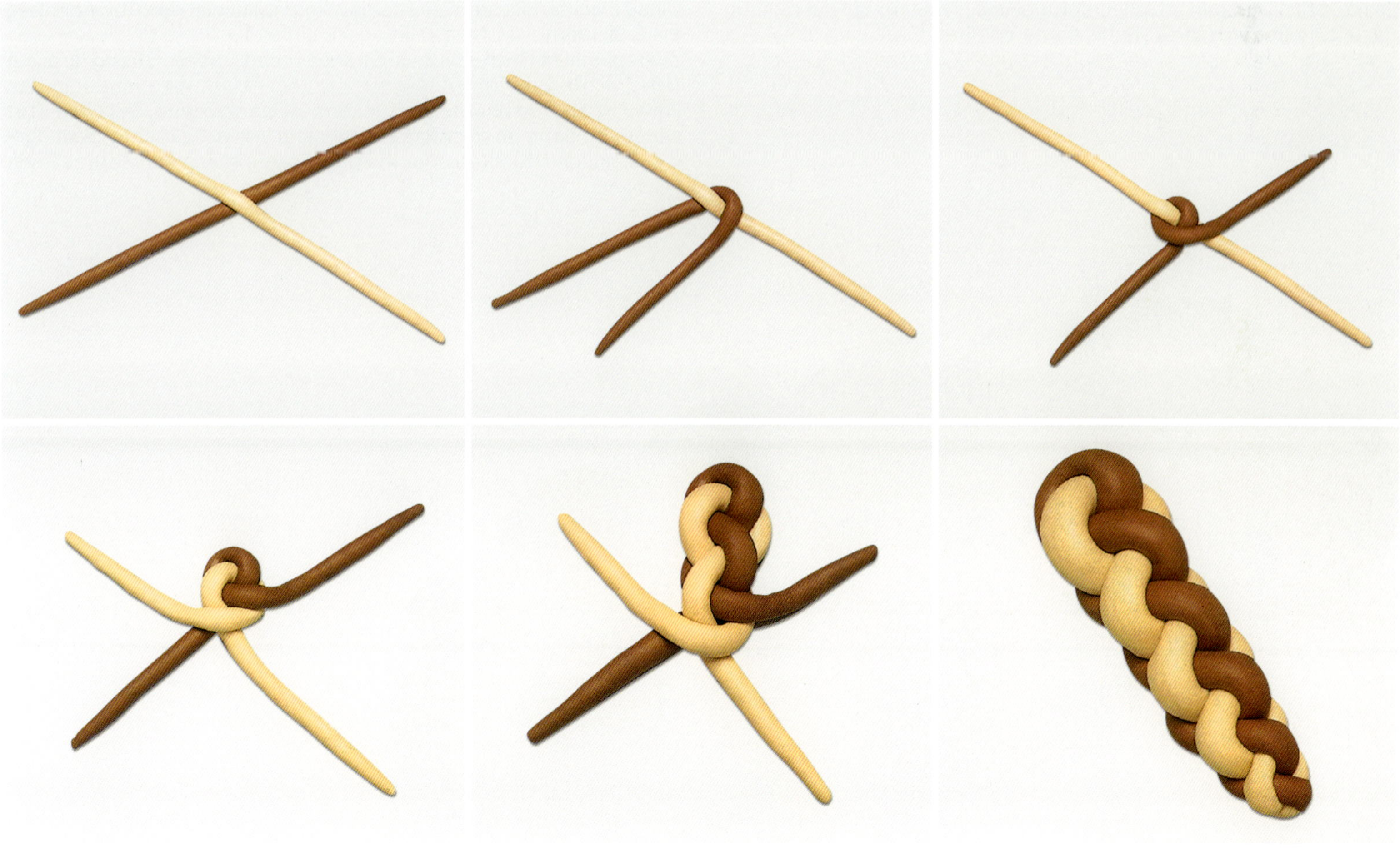

Dreiteiliger Zopf, flachgeflochten

Es handelt sich dabei um die ursprüngliche Flechtart. Sie hat sich für das Flechten der Haarzöpfe bis heute erhalten.

Diese Flechtart ist sehr leicht. Sie bringt jedoch etwas Abwechslung ins Sortiment.

Zu Beginn des Flechtens zwei Stränge rechts und ein Strang links auf den Tisch legen. Den Aussenstrang rechts legt man innen an den linken Strang, so dass er zum linken Innenstrang wird. Der linke Aussenstrang dann an die rechte Innenseite legen. Nun abwechslungsweise mit dem rechten oder mit dem linken Strang den Zopf zu Ende flechten.

Vierteiliger Zopf, flachgeflochten, spindelförmig

Dieser Zopf wird viel in bäuerlichen Kreisen hergestellt. Er eignet sich auch sehr gut zur Herstellung von Flechtgebäcken wie Golatsch usw.

Bei der Ausgangslage liegen zwei Stränge links und zwei Stränge rechts. Man beginnt rechts und legt den äussersten Strang über den danebenliegenden. Der Strang wird an der Innenseite des linken Strangpaares abgelegt. Den Strang ganz links unter dem danebenliegenden durchziehen und über den nächstfolgenden, innen an den rechten Strang legen. Jetzt wird wieder mit dem äussersten rechts über den danebenliegenden gefahren. Dann folgt wieder der Zug mit dem linken Strang, indem er unter dem danebenliegenden und über den nächsten Strang gezogen wird. Diese Phasen wiederholen sich nun bis zum Schluss.

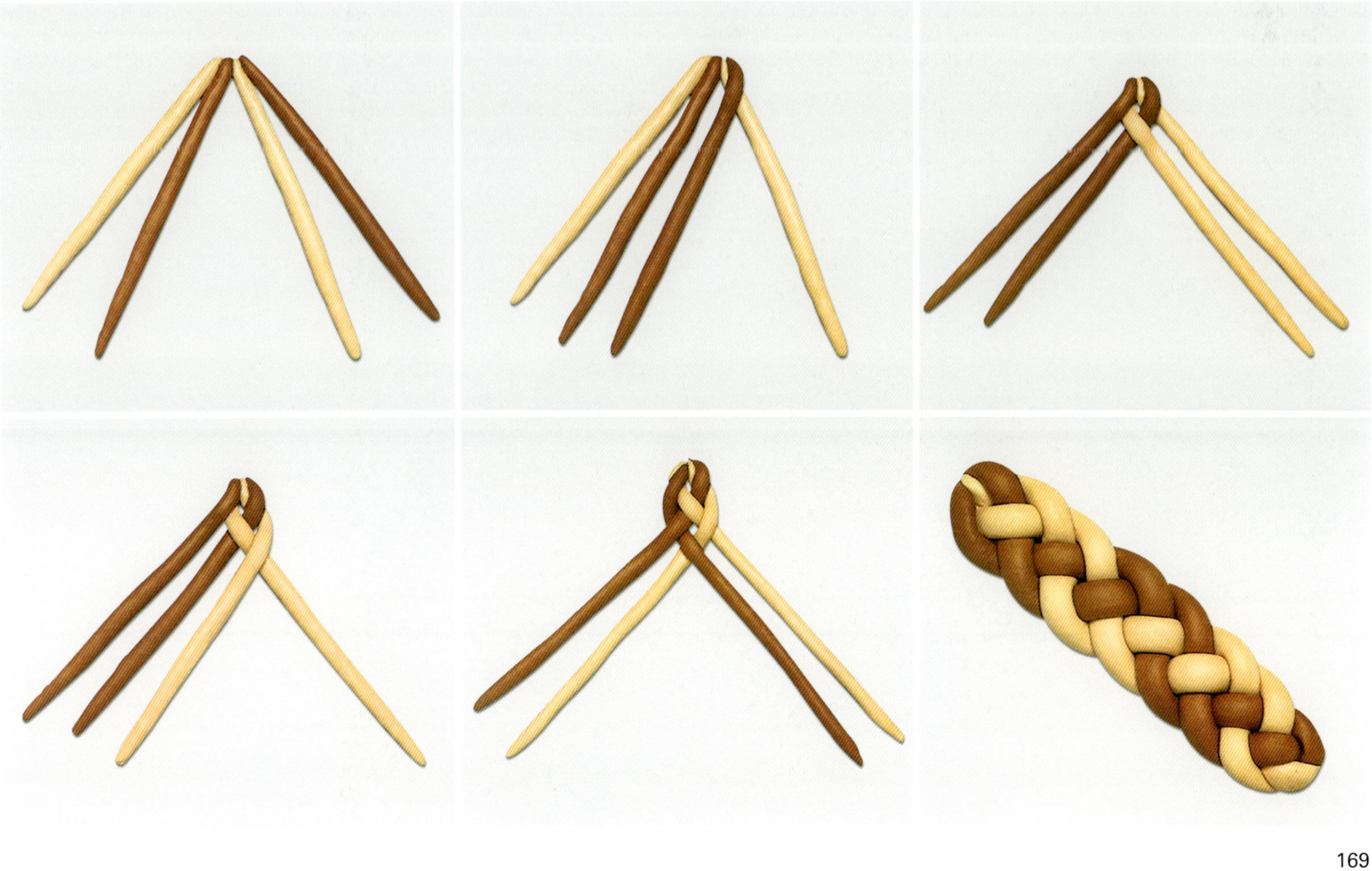

Fünfteiliger Zopf, flachgeflochten

Diese Flechtart lässt sich mit beliebig vielen Teilen ausführen, sofern die Strangzahl immer ungerade ist. Je mehr Stränge jedoch verwendet werden, um so breiter fällt der Zopf aus. In dieser Beziehung ist also der Anzahl Stränge eine Grenze gesetzt.

Das Flechten geschieht in der gleichen Weise wie zum Beispiel beim Dreier-Zopf flach. Auf der einen Seite muss immer ein Strang überzählig sein. Der äusserste Strang wird dann an den Innenstrang der Gegenseite angelegt. So entsteht immer eine Seite mit einem Strang mehr. Es kann also immer mit dem äussersten Strang hin- und hergeflochten werden.

Fünfteiliger Zopf, hochgeflochten

Der fünfteilige Zopf präsentiert nicht nur als Einzelstück sehr gut, sondern er findet auch zur Herstellung von Schaustücken sehr oft Verwendung. Es sind dazu fünf gleichgrosse Teigstränge notwendig, die in der Mitte etwas dicker gehalten werden. Die Flechtart ist nicht schwer und besteht aus zwei sich immer wiederholenden Zügen. Der fertiggeflochtene Zopf sieht spindelförmig aus und muss noch nach links umgelegt werden, damit die spiralförmig nach einer Richtung verlaufenden Stränge oben liegen. Es wird mit den beiden äussersten Strängen begonnen. Den Strang ganz rechts zieht man unter dem Strang links durch und legt ihn an dessen Platz. Der linke Strang wird in die Mitte abgesetzt. Nun ist der in der Mitte abgelegte Strang mit dem links danebenliegenden zu wechseln, indem man ihn unten durchführt. Diese beiden Arbeitsgänge wiederholen sich, wie beschrieben, immer wieder, indem die beiden äussersten Stränge stets gekreuzt, der linke Strang in die Mitte gesetzt und dann mit dem links danebenliegenden gewechselt wird. Für Schaustücke ist es oft notwendig (besonders bei Schmetterlingen und Herzen), einen Zopf nicht von rechts nach links, sondern von links nach rechts zu flechten, damit die Spiralen beim linken und beim rechten Teil immer gleich verlaufen. In diesem Falle beginnt man mit drei Strängen links. Die Flechtart bleibt sich gleich, nur beginnt man von links und nicht von rechts.

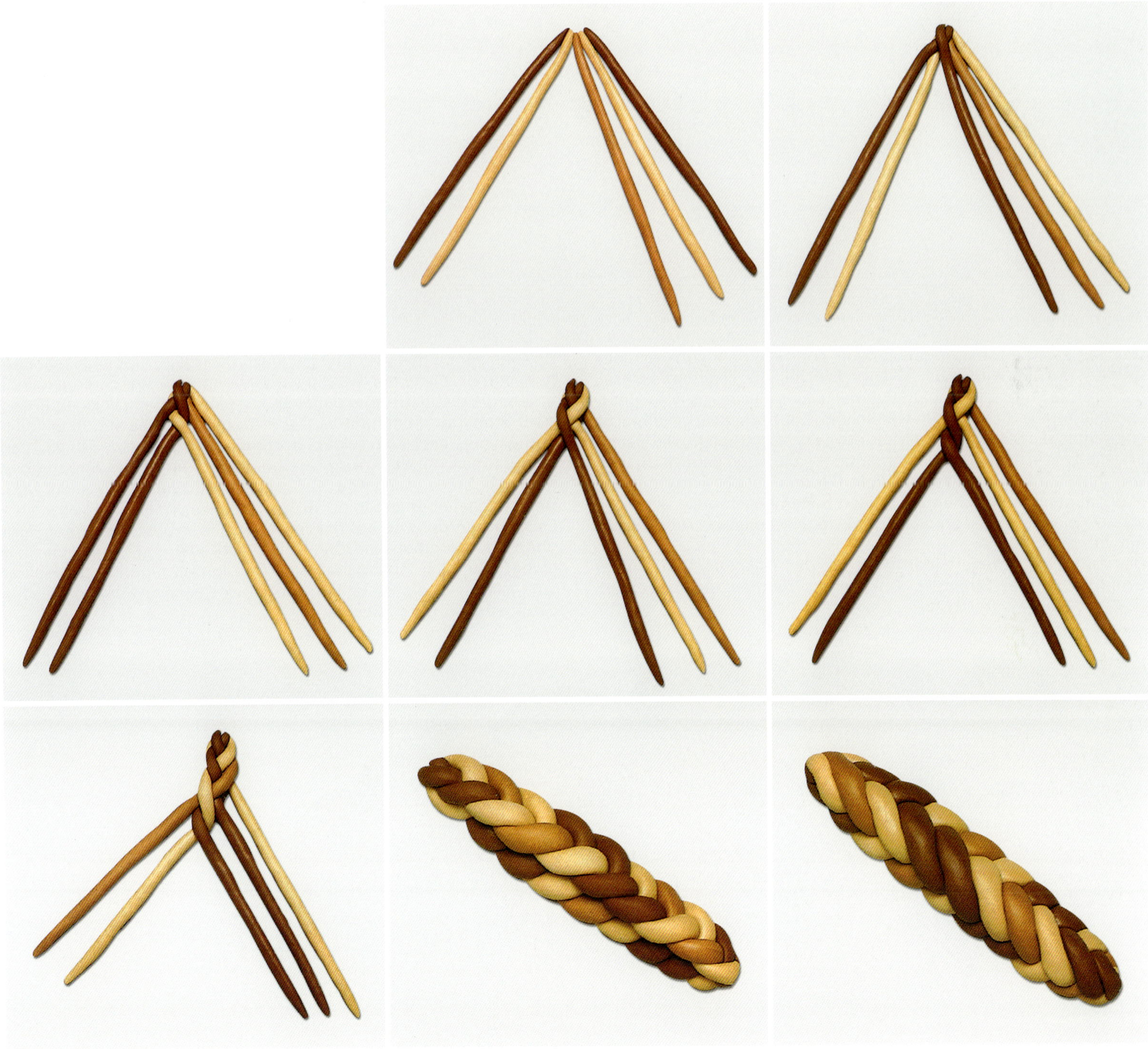

Sechsteiliger Zopf

Der aus sechs Strängen geflochtene Zopf stellt ein sehr schönes Gebäck dar. Er wird auch Wiener Stritzel, die Flechtart Stritzel, genannt. Zur Herstellung benötigt man sechs gleichgrosse Teigteile, spindelförmige Stränge. Um eine schöne Zopfform zu erhalten, ist es vorteilhaft, die Stränge in der Mitte etwas dicker zu halten. Die Flechtart ist etwas schwieriger, da immer gegen die Hand geflochten werden muss. Charakteristisch für diese Flechtart ist das Entstehen der sogenannten Fensterchen auf beiden Seiten des Zopfes. Um diese schön gleichmässig zu erhalten, ist ein regelmässiges, straffes Flechten von Bedeutung.

Die sechs Teigstränge bilden während des Flechtens immer zwei Gruppen zu drei Strängen. Am Anfang werden die äussersten Stränge der beiden Gruppen gekreuzt. Die linke Gruppe besteht deshalb immer aus einem Strang rechts oben und zwei Strängen links unten; die rechte Gruppe dagegen aus einem Strang links oben und zwei Strängen rechts unten. Die weiteren Flechtbewegungen sind immer nur innerhalb einer Gruppe vorzunehmen. Zu flechten beginnt man mit der linken Gruppe, indem der rechte Strang oben hochgehoben und an seine Stelle der linke Aussenstrang gelegt wird. Den hochgehobenen Strang alsdann als linker Innenstrang absetzen. Es folgt nun der Zug auf der rechten Seite, wobei der Strang links oben hochgehoben und der rechte Aussenstrang an seinen Platz gelegt wird. Den hochgehobenen Strang nun hinunter als rechter Innenstrang legen. So ist der Zopf abwechslungsweise mit beiden Gruppen zu Ende zu flechten.

Achtteiliger Zopf

Um diesen Zopf zu flechten, sind acht gleichgrosse, in der Mitte etwas dickere Teigstränge notwendig. Aus süssem Zopfteig hergestellt, ist diese Flechtart hauptsächlich unter dem Namen Mozartzopf bekannt. Das Flechten als solches ist nicht schwer, da sich die Flechtzüge stets wiederholen. Die acht Teigstränge in zwei Gruppen von je vier Stück auf den Tisch legen, wobei die oberen Enden aller acht Stränge gut miteinander verbunden sein sollen. Wie auch beim sechsteiligen Zopf wird mit Ausnahme des ersten Flechtzuges immer nur mit Strängen innerhalb derselben Gruppe geflochten. Zuerst die beiden äussersten Stränge der beiden Gruppen miteinander kreuzen und oben quer zu den anderen Strängen legen. Die Gruppe rechts besteht nun aus drei Strängen rechts unten und einem Strang links oben. Bei der linken Gruppe sind drei Stränge links unten und ein Strang rechts oben. Zu flechten beginnt man mit der linken Gruppe, indem der Strang rechts oben als linker Innenstrang hinuntergelegt, während der linke Aussenstrang rechts oben an dessen Stelle gesetzt wird. Man fährt nun mit der rechten Gruppe fort, wobei der Strang links oben als rechter Innenstrang versetzt, während der rechte Aussenstrang zum Strang links oben wird. Abwechslungsweise werden diese Flechtzüge nun mit der linken und rechten Gruppe durchgeführt, bis der Zopf zu Ende geflochten ist.

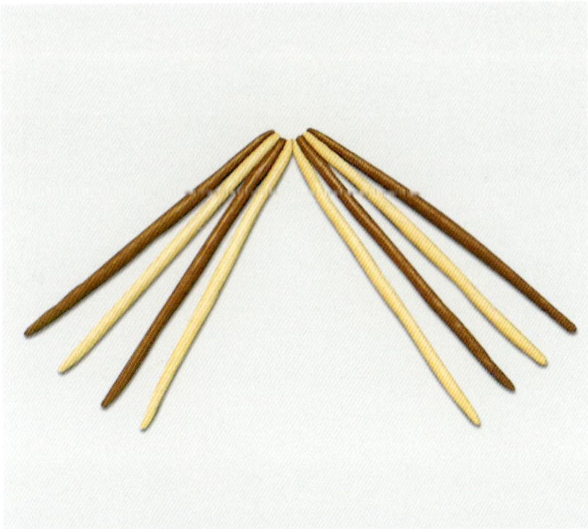
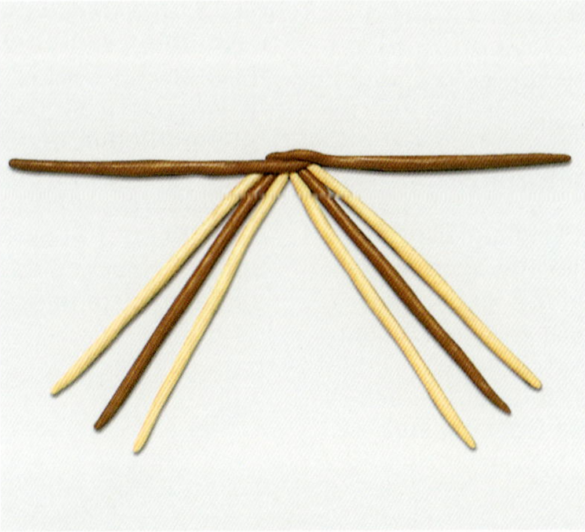

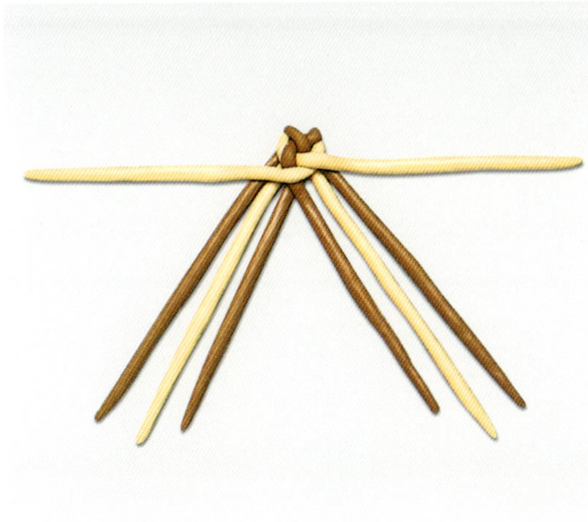

Zopf-Brot

Direkte Triebführung

1 000 g Milch
100 g Hefe
50 g Levit
20 g Malz
300 g Zucker
35 g Salz
400 g Eier
Zitronenraps
300 g Butter
2 500 g Weissmehl

Herstellung

Den Teig in der üblichen Weise herstellen, 30 bis 40 Minuten angären lassen.

Aufarbeiten

Für ein Brot sechs gleichschwere Teile abwägen, wobei je drei zusammengeflochten werden. Diese wie den flachen Zopf aus zwei Strängen flechten. Es ist darauf zu achten, dass das Geflecht kurz bleibt. Das Ganze mit Schluss nach unten kehren und rund formen. Das Brot ist so herzurichten, dass ein dreifacher Strang oben in der Mitte zu liegen kommt. Nach der Gare die Teigbrote mit Ei bestreichen. Mit der Schere oben die Spitzen einschneiden und in mittlerer Hitze backen.

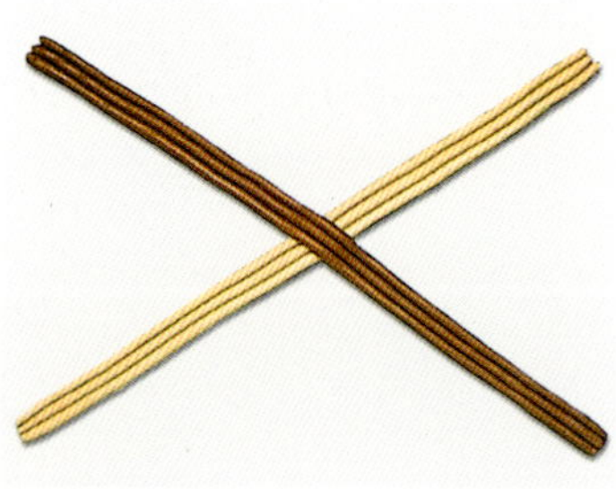

Zopfgebäcke

Mit Phantasie und etwas Begabung ist es ohne weiteres möglich, Gebäcke für spezielle Anlässe und Feste herzustellen. Hiezu eignen sich die Zopfgebäcke vorzüglich. Es sind dabei jedoch folgende Punkte zu beachten:

1. Die Teige ziemlich fest halten, aber eine kurze und kräftige Triebführung wählen.
2. Die figürlichen Teile immer in der richtigen Proportion wählen.
3. Möglichst dünn geflochtene Zöpfe verwenden, da die Gebäcke sonst zu plump wirken.
4. Die Gebäcke vor dem Backen zwei- bis dreimal sorgfältig mit Ei bestreichen.
5. Solche Flechtwerke sind in der Regel immer gross. Der Ofen soll daher nicht zu warm sein, damit die Gebäcke genügend ausbacken und gleichwohl eine schöne, goldgelbe Farbe aufweisen.

Kleeblatt

Zur Herstellung werden drei fünfteilig geflochtene Zöpfe benötigt. Es ist darauf zu achten, dass diese eher lang und schmal geflochten werden. Als Stiel dient ein aufgedrehter Zopfstrang. Die Zöpfe in der Mitte zusammennehmen und die Enden mit einer Rosette abdecken. Dieses Schaustück kann auch vierblättrig hergestellt werden und findet für verschiedene Anlässe wie Neujahr, Jubiläum, Taufe, Geburtstag usw. Verwendung.

Schmetterling

Er wird mit vier fünfteilig geflochtenen Zöpfen hergestellt. Zwei davon müssen von links nach rechts, das heisst, bei Beginn des Flechtens müssen drei Stränge links und zwei rechts liegen, geflochten werden. Die andern zwei Zöpfe sind normal zu flechten; sie sind also mit drei Strängen rechts zu beginnen. Dann benötigt man noch drei Teigstücke für Kopf-, Vorder- und Hinterkörperteil sowie zwei kleine Stücke für die Fühler. Die Flügel können ebenfalls mit dünnen Teigsträngen ausgefüllt werden. Es ist zu beachten, dass die Körperteile nicht zu dick, sondern grazil aussehen. Vor dem Backen mit dem Messer zeichnen.

Lyra

Sie wird aus einem grossen, fünfteilig geflochtenen Zopf hergestellt. Der Zopf soll nicht zu dick sein, damit er schön geformt werden kann. Vier dünnere Teigstränge, die mit einem kleinen, dreiteilig geflochtenen Zopf verbunden sind, stellen die Saiten dar.

Stern, hochgeflochten

Aus der Werkaufnahme geht hervor, wie die zehn gleichmässig geformten Teigstränge vor dem Flechten auf den Tisch gelegt werden müssen.

Beim Beginn des Flechtens ist für einen Zopf ein ganzer Bogen sowie je ein Strang von links und rechts zu nehmen. Die Stränge sind in der Mitte ziemlich dick zu halten, damit eine schöne Form entsteht. Eine Rosette in der Mitte dient als Abschluss.

Flechtschema für Gittergeflecht

Diese Art des Flechtens eignet sich hauptsächlich zur Herstellung von flachen Schaustückteilen. Sie ist sehr einfach auszuführen. Es ist jedoch darauf zu achten, dass die Teigstränge immer gleich dick gehalten werden und dass gleichmässig geflochten wird. Das Flechten soll rasch vor sich gehen. Damit die Stränge nicht verkrusten, deckt man sie mit Plastiktüchern zu.

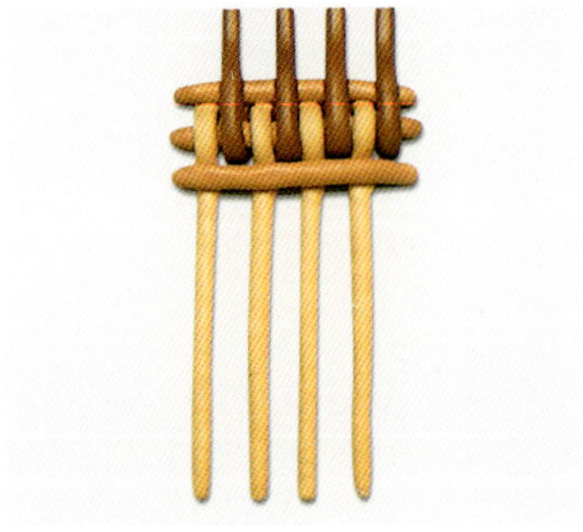

Es besteht auch die Möglichkeit, verschiedene Muster zu flechten, indem je zwei Stränge auf einmal oder zwei Längsstreifen und ein Querstrang usw. verwendet werden.

Herstellung von Rosetten und Rosen

Die Herstellung ist, wie aus der Werkaufnahme hervorgeht, sehr einfach. Durchmesser des Ausstechers vier bis fünf Zentimeter.

Fisch

Für den Schuppenbereich des Körpers ein entsprechend grosses Gittergeflecht herstellen und in die gewünschte Form schneiden. Durch zwei dreiteilig geflochtene Zöpfchen den Körper oben und unten einfassen. Den Kopf und Schwanz formen, ansetzen und durch je einen geflochtenen Strang vom Körper abgrenzen. Mund und Auge mit Eistreiche befestigen.

Muttertagsherz

Das Mittelstück, ein Gittergeflecht, ist zuerst herzustellen und auf dem Blech angären zu lassen. Erst dann wird der dreiteilig geflochtene Zopf herzförmig aufgelegt. Den Zopf mit dünnen Strängen flechten. Beim Schluss das Muttertagsherz mit einer Rose garnieren.

Grittibänzen und Hasen aus Zopf- oder Süssteig

Über die Herkunft und Geschichte des von Kindern wie auch von Erwachsenen heissgeliebten St.-Niklaus-Gebäcks tappen selbst die Historiker im dunkeln. Diese Teigform in Menschengestalt ist erst vom letzten Jahrhundert an in Österreich, Deutschland, der Schweiz und auch im Elsass nachweisbar. Über das genaue Alter aber weiss man nichts Bestimmtes; lediglich die Form des solothurnischen Grittibänzen (die Zweispitzhutform erinnert an die damalige Ambassadorenzeit) gibt einen Hinweis, dass er schon im 18. Jahrhundert üblich gewesen sein könnte.
Grittibänzen aus Zopf- oder Süssteig sind wohl eine Wohlstandserscheinung; früher waren sie aus gewöhnlichem Brotteig hergestellt.

Grittibänzen

Teig

2000 g Milch
200 g Hefe
100 g Levit
40 g Malz
40 g Zucker
80 g Salz
200 g Eier
600 g Butter
3800 g Weissmehl

Herstellung

Hefe, Levit, Malz und Zucker in der Milch auflösen und mit dem Mehl vermischen. Salz und Eier miteinander verrühren, sukzessive beigeben und zu einem gut gekneteten Teig verarbeiten. Die Butter bei Hälfte der Knetzeit beifügen. Die Gärdauer am Stock beträgt im Maximum 15 Minuten.

Hasen

Aufarbeiten

Teigstücke vorerst rund und dann länglich, tropfenförmig wirken. Beim stumpfen Ende etwa 1/4 als Kopf ausdrehen und direkt auf Bleche absetzen. Die Teigstücke etwas flachdrücken und mit dem Messer Arme und Beine einschneiden. Nach guter Gare die Grittibänzen zweimal mit Ei bestreichen und durch Eindrücken von Sultaninen Augen, Mund und Knöpfe markieren. Anschliessend ohne Dampf im mittelwarmen Ofen hell backen.

Aufarbeiten

Die Teigstücke vorerst rund, dann länglich, tropfenförmig wirken. Beim stumpfen Ende etwa 1/4 als Kopf ausdrehen und etwas flachdrücken. Sodann mit einem Messer Arme, Beine und Ohren einschneiden. Anschliessend auf Bleche absetzen und mit Ei bestreichen. Nach guter Gare die Stücke nochmals mit Ei bestreichen und mit einer Klinge verschiedene Verzierungen, gemäss Bild, anbringen. In mittelwarmem Ofen ohne Dampf hell backen.

Tiere aus Zopftteig

Zopfteig 10 mm dick auswallen, auf leicht gestaubtes Blech legen und ca. 60 Minuten im Tiefkühler abstehen lassen. Vor dem Aufarbeiten das ausgewallte Teigstück wenden, damit eine glatte Oberfläche gewährleistet ist. Kartonschablonen auflegen und die Figuren mit einem scharfen Messer ausschneiden. Für die übrigen Teile zum Ausgarnieren der Figuren den Teig 5 mm dick auswallen, ausschneiden oder ausstechen und auflegen. Mit Ei bestreichen, gären lassen und vor dem Backen nochmals bestreichen. Nach Wahl mit Schere oder Messer Verzierungen anbringen und in mildem Ofen ohne Dampf backen.

Party-Brot, Party-Brötchen und Figuren aus Brotteig

Teig

2 000 g Wasser
80 g Hefe
60 g Levit
60 g Salz
100 g Fett
1 650 g Ruchmehl
850 g Roggenmehl
500 g Roggenschrot (fein)
200 g Grahammehl (fein)

Herstellung

Alle Zutaten, ausser dem Fett und dem Salz, zu einem Teig verarbeiten. Die Knetdauer im Spiralkneter beträgt 14 Minuten im 1. Gang. Das Fett bei Hälfte und das Salz am Schluss des Knetprozesses beigeben. Den Teig am Stock 30 bis 40 Minuten liegen lassen.

Aufarbeiten

Beliebig grosse Stücke lang oder rund straff aufarbeiten. Mit Jahreszahlen oder Namen beschriften oder andere Verzierungen anbringen. Die Brote sehr fein mit Mehl bestauben und am Stück eine Stunde gären lassen (nicht zudecken). Vor dem Einschiessen gut stupfen, damit keine Hohlräume oder Blasen an der Oberfläche entstehen. Backtemperatur je nach Grösse 220 bis 230°C.

Party-Brötchen

Aus dem Kleinbrot-Sortiment hervorgehend, jedoch gewichtsmässig auf 20 bis 30 g pro Stück reduziert, bieten Party-Brötchen dank ihrer Vielfalt grosse Abwechslungsmöglichkeiten und ergänzen die Mahlzeiten in idealer Weise. Mit Fleisch, Wurst und Käse gefüllt gewinnen sie zunehmend an Beliebtheit für Zwischenmahlzeiten sowie für Parties und festliche Anlässe.

Kuchen und Wähen

Sie sind seit vielen Jahren ein Begriff im Bäckerei Konditorei Sortiment. Die Möglichkeiten der Kuchen- und Wähenherstellung sind vielfältig, und die Bedeutung derselben hat in den letzten Jahren stark zugenommen, und der Trend wird anhalten.

Kuchenteige oder geriebene Teige

1. Teig

1 000 g Weissmehl
500 g Butter
15 g Salz
250 g Wasser, ca.

Herstellung

Mehl, Butter und Salz gut miteinander verreiben. Das Wasser beigeben und zu einem Teig mischen.

2. Teig

1 000 g Weissmehl
400 g Bäckereifett
15 g Salz
300 g Wasser, ca.

Herstellung

Mehl, Bäckereifett und Salz gut miteinander verreiben. Das Wasser beigeben, gut kneten und sofort aufarbeiten.

3. Teig

Geriebener Teig mit Nüssen (speziell für Früchtekuchen)

800 g Weissmehl
200 g Haselnüsse, fein
500 g Butter
15 g Salz
250 g Wasser

Herstellung

Wie 1. Teig.

Früchtekuchen mit Guss

Kuchenguss süss

1. Rezept

1 000 g Milch
(oder 800 g Milch und 200 g Rahm)
200 g Eier
125 g Zucker
120 g Weissmehl

2. Rezept

600 g Milch
400 g Rahm
200 g Eier
125 g Zucker
125 g Weissmehl
wenig Zimt

Früchtekuchen ohne Guss

Apfel-, Aprikosen-, Kirschen-, Zwetschgen-, Rhabarberkuchen

Gefettete Kuchenbleche mit geriebenem Teig auslegen und stupfen. Bei stark saftenden Früchten empfiehlt es sich, den Boden mit fein gemahlenen Haselnüssen oder Biscuitbrösel (auch gemischt) zu bestreuen. Mit den Früchten belegen und den Guss darübergiessen.
In mittelwarmem Ofen backen. Ein leichtes Dämpfen ergibt eine regelmässige Färbung auf der Oberfläche. Knusprige Böden können durch mehrmaliges Verschieben der Kuchen während des Backens erzielt werden. Nach dem Ausbacken die Kuchen sofort aus den Blechen herausnehmen und auf Gitter erkalten lassen.

Auf die Böden der ausgelegten Bleche fein gemahlene Haselnüsse, Biscuitbrösel, Paniermehl (oder Mischungen daraus) streuen. Mit Früchten etwas dichter belegen als für Früchtekuchen mit Guss.

In mittelwarmem Ofen ohne Dampf backen und anschliessend gelieren.
Bei sauren Früchten, wie Rhabarber usw., nach dem Backen etwas Zucker aufstreuen.

Gesalzene Kuchen

Käsekuchen

Guss

1 000 g Milch (oder 800 g Milch und 200 g Rahm)
200 g Eier
80 g bis
120 g Weissmehl
15 g Gewürzsalz

Herstellung

Eier, Mehl und Gewürzsalz anrühren. Milch oder Milch/Rahm sukzessive beigeben.

Gewürzsalz

1 000 g Salz
50 g Pfeffer
50 g Muskat

Verschiedene, bewährte Käsemischungen

1/2 Emmentaler + 1/2 Greyerzer = klassisch abgewogen
1/3 Emmentaler + 2/3 Greyerzer = etwas rezenter
ausschliesslich Greyerzer = rassig, rezent

1/3 Sbrinz unter obige Käsemischungen mengen, macht luftig und aromatisch.

Für den Guss die Käsemischung vorteilhaft einige Zeit im voraus mit der Milch vermischen oder unmittelbar vor Gebrauch in der auf 60 bis 70°C erwärmten Milch lösen und mit den übrigen Zutaten gut verrühren.

Herstellung
1 Kuchen, 30 cm ∅

450 g Kuchenteig
250 g Käsemischung
650 g Guss

Kuchenblech mit geriebenem Teig auslegen und stupfen. Den Guss hineingiessen und im mittelwarmen Ofen mit Dampf backen. Das Dämpfen fordert das Schmelzen des Käses an der Oberfläche und verhindert ein Bitterwerden. Mehrmaliges Verschieben der Bleche während des Backens gewährleistet knusprige Böden. Nach dem Ausbacken die Kuchen sofort aus den Formen nehmen und auf Gitter abschieben.

Kuchen mit Sichtgarnitur

Garnituren wie Tomaten, Pilze, Kräuter usw. nach 10 Minuten Backzeit zufügen, so dass sie wohl noch etwas einsinken aber nicht ganz unter die Füllung verschwinden.

Quiche Lorraine

1 Kuchen, 30 cm Ø

450 g Kuchenteig
150 g Käsemischung
200 g Zwiebeln, gehackt
30 g Butter
120 g Speck, gewürfelt
450 g Guss

Zwiebeln fein hacken, Speck in Würfel schneiden und zusammen mit der Butter leicht dünsten. Anschliessend auf den Teigboden verteilen, den Guss mitsamt der gelösten Käsemischung aufgiessen und backen.

Spinat-Speckkuchen

1 Kuchen, 30 cm Ø

450 g Kuchenteig
450 g Blattspinat
80 g Speckwürfel
Streuwürze, Muskat
30 g Butter
600 g Guss
40 g Speckscheiben zum Auflegen

Speckwürfel in der Butter leicht anbraten, Spinat und Gewürze beigeben und leicht dünsten. Alles zusammen auf dem Kuchenboden verteilen und den Guss darüberleeren. In gut warmem, vorgedämpftem Ofen backen.

Pizza

1. Teig

Halbweissbrotteig
mit 80 g Öl pro kg Mehl

2. Teig

Weggliteig/Blätterteig
(mit zwei Touren oder Abfallblätterteig) 1:1.
Drei einfache Touren geben.

Salsa-verde-Würze

75 g Olivenöl
20 g Petersilie
70 g Sardellen
50 g Kapern
Knoblauchzehen, 2 Stück
Oregano, Pfeffer, Salz

Petersilie, Sardellen und Knoblauchzehen fein hacken und mit den übrigen Zutaten im Öl etwas ziehen lassen.

Pizza à la mode du chef

400 g Pizzateig
500 g Tomatenscheiben
150 g Fontina, Schmelzkäse oder Mozzarella
30 g Oliven
50 g Peperoni
100 g Schinken
220 g Salsa-verde-Würze

Tomaten und Käse in dünne Scheiben schneiden. Tomaten auf dem Teigboden verteilen und den Käse darübergeben. Die zerkleinerten Peperoni und die Schinkenstreifen aufstreuen und die Salsa-verde-Würze darüberträufeln. In gut warmem, vorgedämpftem Ofen backen.

Pizza Napolitana

400 g Pizzateig
200 g Mozzarella, Fontina oder Schmelzkäse
250 g Tomatenscheiben
40 g Sardellen
40 g Oliven
30 g Öl
Oregano, Pfeffer, Salz

Käse und Tomaten in dünne Scheiben schneiden. Tomaten auf dem Teigboden verteilen und den Käse darübergeben. Sardellen und Oliven auflegen und würzen. Am Schluss das Öl darüberträufeln und in gut warmem, vorgedämpftem Ofen backen.

Inhaltsverzeichnis

Seite

Einleitung 5

Aus der Geschichte des Brotes
und des Bäckerhandwerkes 7

Getreide und Mehl als wichtigster Rohstoff 9– 11

Die Schweizerische Müllerei 12– 17

Die Presshefe 18– 19

Der Sauerteig 20– 21

Backmittel 22– 23

Brot als Nahrung 24– 25

Das Brotsortiment im Bäckerladen 27– 29

Richtlinien für die Gross-, Spezial- und
Kleinbrotherstellung 32– 35

Kantonale und regionale Brote 37– 67

Spezialbrote 69– 93

Kleinbrote, Kleingebäcke und Feingebäcke 95–127

Richtlinien für die Herstellung reichhaltiger
Hefeteige 129–132

Grosse Hefegebäcke 134–157

Richtlinien für die Herstellung von tourierten
Hefeteigen 152–153

Zopfgebäcke und Flechtanleitungen 159–186

Party-Brot, Party-Brötchen und
Figuren aus Brotteig 187–190

Kuchen und Wähen 191–197

Rezepte

Seite

A
Aargauerbrot 39
Appenzellerbrot 57
Appenzeller Nussgipfel 111
August-Weggen 135

B
Baslerbrot 41
Berliner Pfannkuchen 124
Bernerbrot 43
Bienenstich 145
Bierbrezel 126
Birnenweggen 148
Brioches 107
Brotteig 38
Bündner Birnenbrot 149
Bündner Pitta 142
Bündner Roggenbrot 45
Bürlibrot 78
Burebrötchen 98
Burebrot 81

C
Carré-Stollen 146
Ciampa Locarnese 76
Colomba di Pasqua 141
Cornetti-Brötchen 104
Cornetti-Brot 76
Cremerollen 111
Cremeschnecken 111
Croissants feuilletés 119

D
Dänisch-Plunder
(Brezel, Schlüferli, Kämme, Gipfeli, Spandauer) 122–123
Délice 127
Doppelsemmel 96
Dresdener Stollen 137
Durobrot 73

F
Fastenwähen 108
Ficelles 75
Fingerbrötchen 104
Freiburgerbrot 46
Früchtebrot 92
Früchtekuchen 192–193
Füllungen für grosse Hefegebäcke 144
Füllungen für Plundergebäcke 122
Fünfkornbrot 72

G
Gedrehte Zöpfli 111
Geflochtene Süssteiggebäcke 112–114
Genferbrot 47
Geriebene Kuchenteige 192
Gerstenbrot 85
Geschnittene Weggli 106
Glarner Birnenbrot 150
Glarner Brötli 96
Glarnerbrot 48
Grahambrötchen 99
Grahambrot, Grahambrot mit Backpulver 73
Grittibänzen 184
Gugelhopf 136
Gupfbrot 82

H
Haferflockenbrot 88
Hefekranz, gefüllt 155
Hefering 155
Hefesüssteig 110
Hefesüssteig, touriert 154

J
Jurabrot 49

K
Kapuzinerbrötchen 115
Kartoffelbrot 84
Käsekuchen 194
Kleiebrot 89
Königskuchen 134
Kreuzli 110
Kuchenguss gesalzen 194
Kuchenguss süss 192
Kuchenteige 192

L
Laugengebäcke
(Bierbrezel, Silser Brezel, Délice) . . . . 126—127
Leinsamenbrot 83
Luzernerbrot 50

M
Mailänderbrötchen 105
Mailänderbrot 76
Maisbrot 84
Makronen-Stollen 136
Mandelbrötchen 115
Meitschibei 116
Modelbrot 79
Mohnbrötchen 101
Mohnrosen 101
Mohnweggli 101
Mozartzopf 142

N
Neuenburgerbrot 51
Neuenburger Taillaule 135
Nidwaldnerbrot 52
Nussbrot 87
Nussgipfel 121
Nuss-Stengel 116

O
Obwaldnerbrot 53

P
Panettone 138
Pariserbrot 74
Parisergipfel 118
Pariserli 96
Parisette, Ficelles 75
Party-Brot, Party-Brötchen 187
Party-Nussgipfel 146
Piccadilly 157
Pizza 197
Pragerspitzel 101

Q
Quiche Lorraine 195

R
Römerbrot 86
Roggenbrot, Roggenbrot mit Sauerteig 90
Roggenbrötli 98
Roggen-Kümmelbrot mit Sauerteig 91
Roggenschrotbrot 86

Rollkuchen 156
Rosetten 114
Rustico-Brot 82
Russenzöpfe 154

S
Salzweggen 100
Sandwiches 106
Sauerteig 21
Semmel 96
Sesambrot 89
Silser Brezel 127
Solothurnerbrot 55
Sonne 156
Spinat-Speckkuchen 195
Süssteiggebäcke, geflochten . . . . 112—114

SCH
Schaffhauserbrot 54
Schiltbrot 78
Schinkenbrötli 106
Schlüferli 124
Schlumbergerli 96
Schnecken 121
Schwyzerbrot 58

ST
St.-Galler-Brot 57
St.-Galler-Bürli 100
Streuselkuchen 144

T
Tessinerbrot 61
Thurgauerbrot 57
Tierfiguren aus Brotteig 187
Toastbrot 79

U
Urnerbrot 59

V
Vollkornbrot, Graham- oder Durobrot 73
Vollkorngipfel 118

W
Waadtländer Kreuzbrot 63
Walliser Roggenbrot 65
Weekendstollen 157
Weizenflockenbrot 88
Weggli 106
Weggligipfel 107

Z
Zigerkrapfen 125
Zöpfe . . . . 162—177
Zöpfe aus Hefesüssteig 143
Zopfbrot 178
Zopfgebäck . . . . 179—183
Zopfteig 161
Zürcherbrot 67
Zuckerbrötli 110
Zugerbrot 58